DOM und DOMVIERTEL
Freiberg/Sachsen

Der Dom zu Freiberg; Lithographie, 19. Jahrhundert

Manfred Hübner

DOM und DOMVIERTEL

Freiberg/Sachsen

mit Fotos
von Manfred Lohse

HINSTORFF

Titelbild: Tulpenkanzel und Teil des Schalldeckels
Rücktitel: Deckengewölbe

Für die Bereitstellung der Abbildungsvorlagen sei gedankt:
Brück & Sohn, Meißen: Seiten 56, 77 (rechts)
Fotothek des Stadt- und Bergbaumuseums Freiberg: Seiten 10 (links), 11, 32, 33, 36, 44 (oben),
45, 48, 55, 58, 60, 64 (oben), 69, 71, 74, 76, 77 (links), 79, 81, 114
Günther Galinsky, Freiberg: Seiten 10 (rechts), 40
Manfred Hübner, Freiberg: Seiten 2, 7, 12, 13, 25, 30, 35, 39, 47, 67, 73, 82, 84
Landesamt für Denkmalpflege Sachsen, Dresden: Seiten 37, 43, 44 (unten), 87, 124
Medienzentrum der TU Bergakademie Freiberg: Seiten 15, 18, 24, 26 (links), 29, 89
Sächsisches Hauptstaatsarchiv Dresden: Seite 64 (unten)
Stadtarchiv der Universitätsstadt Freiberg: Seiten 10, 61
Alle anderen Aufnahmen: Manfred Lohse, Chemnitz

Autor und Verlag danken zudem:
Herrn Dompfarrer Jörg Coburger
Herrn Domkantor Christian Skobowsky
Herrn Domküster Otto Schröder
Frau Domführerin Elisabeth Seidler
Frau Domführerin Christel Kandler
Frau Domführerin Morna Voigt
Herrn Uwe Kolls, Stadt- und Bergbaumuseum Freiberg
Frau Dr. Ines Lorenz, Leiterin des Stadtarchivs Freiberg
Herrn Dr. Ulrich Thiel, Direktor des Stadt- und Bergbaumuseums Freiberg
Frau Heidrun Ziegler, Stadt- und Bergbaumuseum Freiberg

Bibliographische Information Der Deutschen Bibliothek:
Die Deutsche Bibliothek verzeichnet diese Publikation in der Deutschen Natio-
nalbibliographie; detaillierte bibliographische Daten sind im Internet über
http://dnb.ddb.de abrufbar.

1. Auflage 2005

© **Hinstorff Verlag GmbH, Rostock** 2005
Herstellung: Hinstorff Verlag GmbH
Lektorat: Thomas Gallien
Druck und Bindung: Neumann & Nürnberger, Leipzig
Printed in Germany
ISBN 3-356-01094-8
www.hinstorff.de

Inhalt

Besiedlung – Kloster Altzella

Im Zuge der ostdeutschen Kolonisation ließ Markgraf Otto von Wettin Mitte des 12. Jahrhunderts Teile seines Reichslehens zwischen den Flüssen Freiberger Mulde und Großer Striegis, einem Urwaldgebiet (genannt Miriquidi = schwarzer Wald), durch fränkische Bauern roden und urbar machen – gemäß dem heiligen Gottesgebot »Macht euch die Erde untertan«. So entstand um 1156/60 am Osthang des Loßnitzbaches, heute Münzbach, das einreihige Waldhufendorf Christiansdorf, das zur Keimzelle Freibergs werden sollte. Nach zufälliger Entdeckung reicher Silbererzvorkommen Anno 1168 auf der Christiansdorfer Flur tauschte Otto dieses Gebiet, welches er zuvor (1162) dem Zisterzienserorden zwecks Klostergründung geschenkt hatte, aus und ließ sich vom Kaiser das Bergregal, d.h. das Eigentumsrecht an den Bodenschätzen, übertragen. Durch besagten Tausch erhielt das Kloster Gebiete im Tal der Freiberger Mulde, in Altzella, etwa zwei Kilometer von der heutigen Stadt Nossen entfernt. In der Gründungsurkunde aus dem Jahre 1162 bestätigte der

Ruinen des Zisterzienserklosters Altzella bei Nossen;
Kupferstich von C. A. Günther, um 1794

Stauferkaiser Friedrich I., genannt Barbarossa, auf Bitte des Markgrafen Otto von Meißen die Übertragung von 800 Hufen Stiftungsland an sein Hauskloster. Damit war die Voraussetzung zur Schaffung einer notwendigen autarken Wirtschaftseinheit geschaffen. Mit der Errichtung der Gebäude begann 1175, erst 13 Jahre nach der Klosterstiftung, der Einzug des Gründungskonvents aus dem Mutterkloster Pforta bei Naumburg/Saale und damit die eigentliche Klostergründung. Die Einweihung der basilikalen Klosterkirche in erhabener romanischer Architektur erfolgte 1198. Die Zisterzienser lebten nach der Ordensregel »Regula Sancti Benedicti«, welche auf den Gründer des Benediktinerordens, den heiligen Benedikt von Nursia (um 480–547), zurückzuführen ist. Mit Gebet und Arbeit – ora et labora – wurde der Tag ausgefüllt. In seiner Blütezeit beherbergte das Kloster bis zu 200 Mönche und Laienbrüder.

Im Zuge der Kultivierung und Nutzbarmachung der neu erschlossenen und besiedelten Gebiete erwarb sich das Kloster Altzella in wirtschaftlichen, kulturellen sowie kirchenbaulichen Fragen große Verdienste. Besondere Berühmtheit erlangten das Skriptorium und die Bibliothek mit ihrem reichen Buchbestand von etwa 1000 Bänden. Abt Martin von Lochau (Abtzeit 1493–1522) ließ um 1506 das Obergeschoss des zwischen 1990 und 1998 vorzüglich restaurierten Konversenhauses zu einem gewaltigen Bibliothekssaal mit 28 Pulttischen umbauen. Nach der Säkularisierung infolge der Reformation 1540 gelangte ein Teil der Buchbestände, darunter wertvolle mittelalterliche Pergament-Handschriften, in die Universitätsbibliothek Leipzig. Das Kloster verfiel einschließlich der fürstlichen Erbbegräbnisstätte, die von 1190 bis 1381 den wettinischen Markgrafen von Meißen als Grablege gedient hatte. Unerklärlich muss bleiben, warum das wettinische Fürstenhaus diesen Verfall und die Nutzung der alten Gebäude als Steinbruch zuließ. Die Klostermauer mit ihrem imposanten romanischen Rundbogenportal, einige Wirtschaftsgebäude, Ruinen sowie das Konversenhaus blieben allerdings über die Jahrhunderte erhalten. Letzteres wurde landwirtschaftlich – so beispielsweise als Kuhstall und Getreidespeicher – weiter genutzt.

Im 17. Jahrhundert begann das Interesse an diesem geschichtsträchtigen Ort zu wachsen. 1787 erfolgte die Errichtung eines klassizistisch gestalteten Mausoleums und um 1800 die Anlage eines romantischen Landschaftsparks durch den Kunstgärtner Johann Gottfried Hübler. Heute ist das gepflegte Klosterareal Altzella ein beliebter Ausflugsort.

Silberfund – Stadtgründung

In der östlichen Freiberger Altstadt, am Hause Wasserturmstraße 34, wird die Aufmerksamkeit auf eine Bronzetafel mit dem Text »HIER BEGANN IM JAHRE 1168 DER FREIBERGER BERGBAU« gelenkt. Dieses epochale Ereignis, das Auffinden silberhaltiger Erze, sollte richtungsweisend für die zukünftige Entwicklung der einst bäuerlich geprägten Siedlung Christiansdorf sowie der gesamten Region werden: Bis etwa 1185/90 entstand die erste freie Bergstadt auf sächsisch-meißnischem Territorium. Somit gilt Freiberg als Wiege des gesamten erzgebirgischen Silbererzbergbaus. Instinktiv spürte Markgraf Otto die Folgen dieser Entdeckung für sein Land. Als Münzmetall war das Freiberger Silber von unschätzbarem Wert, sodass der markmeißnische Landesherr als der oberste Bergherr zu den reichsten und angesehensten Fürsten des Reiches zählte. In einem Liedtext von Andreas Justinus Kerner (1786–1862) heißt es: »Herrlich, sprach der Fürst von Sachsen, / ist mein Land und seine Macht. / Silber hegen meine Berge / Wohl in manchem tiefen Schacht«.

Mit dem von Kaiser Friedrich I. verliehenen Bergregal war Markgraf Otto Eigentümer der im Boden reichlich auf Abbau wartenden Silbererze geworden. Infolge des einsetzenden »Berggeschreys« eilten Bergleute aus altsächsischen Gebieten, so aus dem Goslarer Raum, in die glücksverheißende Christiansdorfer Region, um gemäß dem Grundsatz »Wo eyn man ercz suchen will, da mag er thun mit rechte!« an der Silberausbeute zu partizipieren. Gegen Abgabe eines bergrechtlich festgelegten Fundanteiles (Zehnten) konnte jedermann bei Freiheit seiner Person nach Silbererz schürfen und dieses abbauen. Da in den Anfängen des Bergbaus die Silbererzgänge in geringer Tiefe lagen, dürfte sich das Geschehen in rasantem Tempo auf weite Gebiete Christiansdorfs ausgedehnt haben. Schon wenig später, um 1260, sollte Albertus Magnus (um 1200–1280), ein berühmter Dominikaner, Gelehrter, Philosoph und Naturwissenschaftler, in seinem lateinisch verfassten Werk LIBER MINERALIUM (um 1260) das hier gewonnene Silber als das reinste und beste (»est purissimum et optimum genus argenti«) bezeichnen.

Zugewanderte Bergleute aus Niedersachsen wandelten ihre Siedlung bis etwa 1186/90 zur Sächsstadt (civitas saxonum) um. Deren Zentrum lag im heutigen Gebiet von Pfarr- und Donatsgasse. Als bergmännische Andachtsstätte diente die östlich des Donatsturmes gelegene Donatikirche, die um 1515 aus dem Stadtbild verschwand. In nur wenigen Jahrzehnten wuchsen mehrere Siedlungskerne mit ihren Kirchen zu einem ausgebildeten städtischen Gemeinwesen zusammen – die Sächsstadt mit St. Donati und St. Jakobi (1160/65, abgetragen 1890), das Handwerker- und Kaufmannsviertel mit St. Nicolai (1175/80), das Burgviertel mit St. Marien und die Oberstadt mit St. Petri. Letztlich wurde die so genannte Bergfreiheit namensgebend für die »Stadt auf freiem Berg«. Seit 1218 ist der Name »Vriberch« urkundlich bezeugt. Der Historiker Ulrich Thiel fand bei seinen Forschungen eine noch frühere Nennung in einem Güterverzeichnis. Darin wird den Nonnen in Quedlinburg schon vor 1203 ein jährlicher Betrag von »6 Mark Freiberger Silber« zugesichert. Um 1300 wies Freiberg etwa 5000 Einwohner auf und gehörte somit zu den größten Städten der Markgrafschaft Meißen. Sein romanisches Stadtsiegel von 1227 zählt zu den ältesten erhaltenen des einstigen markmeißnischen Landes; es ist mit dem markmeißnischen Löwen und den Landsberger Pfählen geschmückt. Das zwischen 1296 und 1305 aufgezeichnete Freiberger Stadtrechtsbuch bildete die rechtliche Basis für ein gedeihliches Zusammenleben der Bürgerschaft. Schon Mitte des 13. Jahrhunderts gab es in Freiberg drei Klöster (Dominikaner, Franziskaner, Maria-Magdalenen-Kloster), zwei geistliche Hospitäler, fünf

Ältestes Stadtsiegel (1227) von Freiberg; Umschrift: »SIGILLVM BVRGENSIVM IN VRIBERCH« (Siegel der Bürger in Freiberg)

Freiberger Stadtrechtbuch (1296–1305), erste Seite

Pfarrkirchen sowie zwei Handelsplätze (Unter- und Obermarkt). Aus den Klöstern kamen bedeutende Impulse für die Kulturgeschichte. Der Dominikaner Dietrich von Freiberg stellte eine Regenbogentheorie auf, während Heinrich von Freiberg als Minnesänger berühmt war. Als wichtiger landesherrlicher Verwaltungssitz und Ort der Münzstätte wurde zum Schutz der Siedlungsgebiete und des Bergbaus um 1175/80 im Burglehen eine markgräfliche Burg, das spätere Schloss Freudenstein, errichtet.

Historische Altstadt

Die sächsische Berg-, Universitäts-, Dom- und Silbermannstadt Freiberg liegt in einer reizvollen Hügellandschaft in etwa 400 Meter Höhe am Fuße des Osterzgebirges zwischen Chemnitz und der Landeshauptstadt Dresden. Sie ist Teil der Ferienroute »Die Silberstraße«. Diese führt durch eine faszinierende Kul-

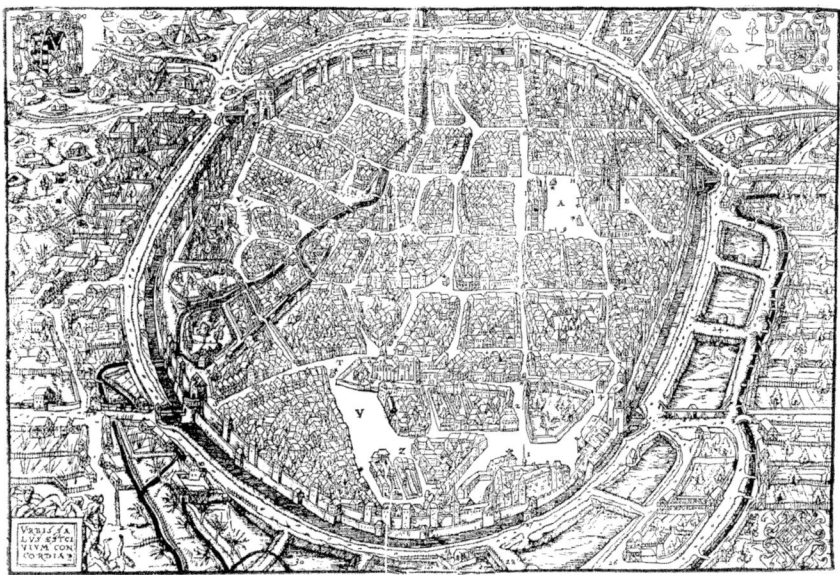

Ältester bekannter Stadtplan von Freiberg
(Sebastian Münsters Cosmographie, 1554)

Blick auf Freiberg; Lithographie, 19. Jahrhundert

tur- und Denkmallandschaft, die durch das erzgebirgische Berg- und Hütten-
wesen ihr Gepräge erhielt. Ein bekanntes Sprichwort lautet: »Alles kam einst
vom Silber«. Zum baukulturellen Erbe des Freistaats Sachsen gehören zahlreiche historische Altstadtkerne. Neben Freiberg seien stellvertretend Meißen,
Pirna und Görlitz genannt. Anhand der Stadtgrundrisse sind die einzelnen stadt-
geschichtlichen Entwicklungsetappen eindrucksvoll bis heute nacherlebbar. Zu
den herausgehobenen Wahrzeichen zählen jeweils die historischen Kirchen-
gebäude.

   »Wer Sachsen kennenlernen will, muss die Silberstadt Freiberg gesehen
haben« – mit Fug und Recht gilt die historische Altstadt von Freiberg als eine
Schatzkammer der sächsischen Architektur- und Kunstgeschichte, sie bietet
sich an für ein Seminar angehender Kunsthistoriker und Architekten. Verwin-
kelte enge Gassen, stattliche, vielgeschossige Patrizierhäuser mit steilen Sat-
teldächern sowie Freihöfe alter Geschlechter prägen die Altstadt. Viele der Gebäude sind mit reich verzierten Fassaden, prachtvoll gestalteten Eingangshallen,
Erkern, Wappen, Zunft-, Innungs- und Hauszeichen sowie mit den für Freiberg typischen profilierten Fenstergewänden und stabwerkgeschmückten Sitz-
nischenportalen versehen. Schrifttafeln erinnern an historische Ereignisse und
Persönlichkeiten. Beeindruckend sind die Reste der mittelalterlichen Befesti-

gung mit ihren trutzigen Türmen, Mauern, Wall- und Teichanlagen. Zum unsichtbaren Stadtbild gehören viele mächtige Kellergewölberäume, kunstvolle Wendeltreppen aus Holz und Stein sowie Holzbalkendecken und rippengewölbte Räume. Ihre Prägung erhielt die Altstadt im Wesentlichen nach dem vierten großen Brand von 1484.

Das innerstädtische Bauensemble Freibergs setzt sich aus etwa 500 denkmalgeschützten Einzelgebäuden, vor allem aus der Zeit der Spätgotik und der Renaissance, zusammen. Deutlich fallen die nach 1989 vorzüglich restaurierten und sanierten Häuser sowie Kirchen auf. Viele Informationen über das »Gesicht der Stadt« verrät ein Blick auf den historischen Stadtplan von Georg Braun und Franz Hogenberg (1576). Auffallend ist die in Südost-Richtung verlaufende, schnurgerade Magistrale, gebildet von der Burg- und der Erbischen Straße, die den Schlossplatz mit dem Erbischen Tor verbindet. Gut sichtbar sind auch die großen freien Plätze des Ober- und Untermarktes, des Schloss-

Obermarkt von Freiberg um 1930, mit Rathaus (links)
und Markgraf-Otto-Brunnen (Mitte)

13

platzes sowie die ringförmige Bruchstein-Stadtmauer (13./14. Jahrhundert) mit ihren fünf Stadttoren und über dreißig Mauertürmen. Im 19. Jahrhundert wurden sämtliche Stadttore – Kreuztor, Erbisches Tor, Donatstor, Meißner Tor und Peterstor – und ein Großteil der Stadtmauer abgebrochen. Sehenswerte Reste der ehemaligen Befestigung zog man in eine parkähnliche Promenade mit viel Grün ein. Unterschiede sind im Straßennetz erkennbar. In den älteren Siedlungsbereichen der einstigen Sächsstadt fällt eine Unregelmäßigkeit auf, während die Oberstadt die »planmäßige« Gitterstruktur prägt. Nach neuesten archäologischen Befunden erfolgte die Anlegung der Oberstadt zur Zeit des Markgrafen Dietrich nicht, wie bisher angenommen, um 1212, sondern bereits vor 1200 (Uwe Richter).

Unstrittig zählt der Freiberger Obermarkt mit seinem historischen Kopfsteinpflaster, dem lang gestreckten Rathaus und den sich eng um den Platz gruppierenden prachtvollen vielstöckigen Patrizierhäusern – viele geschmückt mit reich verzierten Erkern und Portalen – zu den schönsten derartigen Anlagen in Deutschland. In seinem Zentrum steht seit 1897 das dem Stadtgründer Markgraf Otto von Wettin, von der Nachwelt der Reiche genannt, gewidmete Brunnendenkmal mit seinen vier bronzenen Löwen als Wasserspeier. In unmittelbarer Nähe weist ein dunkler Stein auf die öffentliche Hinrichtung des Prinzenentführers Kunz von Kaufungen im Juli 1455 hin.

Aus der abwechslungsreichen altstädtischen Dachlandschaft ragen die Türme der großen Pfarrkirchen heraus. Diese Sakralbauten sind bis heute von großer, Identifikation stiftender Wirkung auf die Bewohner. Der aus der Dreiturmgruppe von St. Petri sich majestätisch heraushebende, stadtüberragende, 72 Meter hohe Nordwest-Hauptturm bildet weit sichtbar die Dominante der unverwechselbaren Stadtsilhouette. Die Zwillings-Türme von St. Nicolai und des Domes sowie der Einturm von St. Jakobi vervollständigen im Einklang mit dem städtischen Rathaus- sowie dem wehrhaften, runden Donatsturm (um 1455) das Bild. Außerhalb der historischen Altstadt bietet sich den Besuchern von der Halde der Grubenanlage »Alte Elisabeth« eine unvergesslich schöne Ansicht auf Alt-Freiberg – der »Freiberger Canaletto-Blick«.

Dass diese Stadt am Ende des Zweiten Weltkrieges der Zerstörung entging, war dem Verhandlungsgeschick des damaligen Oberbürgermeisters Werner Hartenstein (1879–1947) zu verdanken. Während der DDR-Zeit konnte durch den unermüdlichen Einsatz des langjährigen Freiberger Denkmalpflegers Heinrich Douffet (*1934) ein geplanter Abriss von Teilen der historischen Innenstadt verhindert werden. In den letzten Jahrzehnten haben sich neben Douffet besonders Werner Lauterbach (*1930), Ulrich Thiel (*1955) und Uwe Richter (*1962) um die historische Freiberg-Forschung und Dokumentierung verdient gemacht.

WISSENSCHAFT UND KUNST

TU Bergakademie Freiberg. Das Wohl des Freiberger Gemeinwesens war stets gemäß dem Grundsatz »reiche Silberausbeute = reiches Handwerk, reiche Kunst und Architektur« von den Erträgen aus dem Silbererzbergbau abhängig. Es gab Blütezeiten wie auch schwierige Phasen. Letztere waren die Folge des Rückgangs der Silberanteile im Erz, der Verschlechterung der geologischen Abbaubedingungen oder gingen auf Kriegsauswirkungen zurück.

1765 kam es zur Gründung der ersten montanistischen Hochschule der Welt, der Bergakademie Freiberg. Ihr Ziel bestand nach einem kurfürstlichen Reskript in der akademischen Ausbildung von Bergbeamten mit fundiertem na-

Hauptgebäude der Bergakademie, Oppel'sches Haus, Akademiestraße 6; Steindruck von C. Pohl, 19. Jahrhundert

turwissenschaftlich-technischen Fachwissen. Sie sollten zur Lösung der komplizierten berg- und hüttenmännischen Prozesse durch das Prinzip »theoria cum praxi« beitragen. Das Matrikelbuch enthält berühmte Namen ehemaliger Studenten wie Alexander von Humboldt (1769–1859), Theodor Körner (1791–1813), Friedrich von Hardenberg (1772–1801), genannt Novalis, und mit der Matrikel-Nummer 1 Friedrich Wilhelm von Trebra (1740–1819), den der mit ihm befreundete Goethe im September 1810 in der Kirchgasse 15 (Schönbergscher Hof) besuchte. Schon vor Gründung der Akademie waren der Freiberger Bergrat und Chemiker Gottfried Pabst von Ohain (1656–1729), der Physiker Ehrenfried Walter von Tschirnhaus (1651–1708) sowie der Oberberghauptmann Abraham von Schönberg – um nur einige zu nennen – auf Grund ihres bergmännisch-naturwissenschaftlichen Sachverstandes maßgebend an der Erfindung des berühmten Meißner Porzellans beteiligt gewesen. 1739/40 hielt sich der russische Gelehrte Michael Wassiljewitsch Lomonossow (1711–1765) zu montanwissenschaftlichen Studien beim berühmten Bergrat Friedrich Wilhelm Henkel (1675–1744) in Freiberg auf. Als bedeutender Wissenschaftler wirkte der Mineraloge und Geologe Abraham Gottlob Werner (1749–1817) an der Akademie; er war Lehrer von Humboldt, Hardenberg sowie Siegmund August Wolfgang Freiherr von Herder (1776–1838), einem Sohn des Weimarer Dichters und Philosophen Gottfried von Herder (1713–1795). Der Chemiker Clemens Alexander Winkler (1838–1904) ging mit der Entdeckung des Elements Germanium (1886) in die Annalen der Wissenschaften ein. Diese und viele hier ungenannte Gelehrte trugen mit ihren Leistungen zum Weltruf der Bergakademie Freiberg bei.

Seit 1992 besitzt sie den Status einer Technischen Universität. Heute studieren hier rund 4400 Studenten (Stand 2005), nicht mehr nur in den montanistisch geprägten Fächern, sondern zunehmend auch in sehr neuzeitlichen Studienrichtungen wie Betriebswirtschaft, Meeresgeologie, der Umweltverfahrenstechnik sowie auf den Gebieten der Elektronik-Sensor-Materialien und neuer Werkstoffe.

Stadttheater. Freiberg ist seit 1790 Sitz des ältesten städtischen Theaters in Deutschland. Es liegt am Buttermarkt gegenüber der 1974 profanierten Nicolai-Kirche. Nach jahrzehntelangem baulichen Verfall konnte die Kirche mit ihren markanten romanischen Westtürmen bis 2002 vollständig saniert werden. Seitdem wird sie wegen ihrer hervorragenden Akustik als städtische Konzert- und Veranstaltungshalle genutzt.

Das Theater bietet 300 Zuschauern Platz; das Repertoire reicht von Klassik bis Gegenwart, von Oper und Schauspiel bis zu Konzerten. Liebevoll wird die Spielstätte im Volksmund wegen ihres Interieurs die »Kleine Semperoper« genannt. Am 24. November 1800 wurde hier die erste Oper von Carl Maria von Weber (1786–1826) – DAS STUMME WALDMÄDCHEN – uraufgeführt. Ein Sgraffito an der südlichen Giebelseite erinnert an dieses Ereignis. Vater Franz Anton von Weber und sein 14-jähriger Sohn wohnten damals etwa ein halbes Jahr in der Erbischen Straße Nr. 3 im Gasthaus »Goldener Löwe«.

DOMVIERTEL

Für viele Gäste steht im Mittelpunkt ihres Freiberg-Aufenthaltes das historische Domviertel – gelegen im Bereich von Schloss- und Untermarkt. Markanteste Gebäude in diesem Viertel sind das Sächsische Oberbergamt, das Sächsische Bergarchiv, der Domkomplex, das Schloss Freudenstein sowie das Stadt- und Bergbaumuseum. In diesem Quartier wurden die berühmten Silbermann-Orgeln gebaut und das Element Germanium entdeckt. Die Sehenswürdigkeiten des Domes, des Stadtmuseums, der Mineraliensammlung und der Winkler-Gedenkstätte der Bergakademie Freiberg wie auch der historischen Andreas-Möller-Bibliothek im Haus Albertinum des Geschwister-Scholl-Gymnasiums ziehen jährlich Tausende Gäste in ihren Bann. Auf dem Domfriedhof befinden sich unter anderem die Gräber bedeutender Domkantoren (so das von Christoph Demantius) und Akademieprofessoren wie das von Abraham Gottlob Werner (†1817) und Friedrich Wilhelm von Oppel (†1769), dem Mitbegründer der kurfürstlich-sächsischen Bergakademie Freiberg.

Vom Obermarkt aus erreicht man das altstädtische Domviertel über die Burgstraße, den Schlossplatz und durch die Kirchgasse. Auf dem Weg dorthin fallen an den Häusern Erinnerungstafeln auf, die auf ehemalige berühmte Bewohner und Besucher hinweisen: auf die bereits genannten Humboldt, Novalis, Goethe und von Trebra, aber auch auf den später noch ausführlich zu würdigenden Orgelbauer Gottfried Silbermann aus dem erzgebirgischen Frauenstein. Straßen- und Platznamen wie Schlossplatz, Kirchgasse, Domgässchen, Domgasse, Am Dom, Silbermannstraße, (Kurfürst-)Moritzstraße und Untermarkt sind ein Indikator für die hohe kulturelle Bedeutung dieses Viertels.

Domviertel mit Dom St. Marien (erbaut 1485–1501);
Luftbildaufnahme, 2004

Schlossplatz. Sehr zur Freude der engagierten Heimatfreunde erhielt nach 1989 der Otto-Nutzschke-Platz seinen vorherigen Namen »Schlossplatz« zurück. Dieser wird heute noch von zwei markanten historischen Gebäuden gesäumt: dem Silbermannhaus und dem Schloss Freudenstein. Dem Silbermannhaus gegenüber befand sich einst das Kreuztor als Bestandteil der Stadtmauer mit vorgelagerter Kreuzkapelle; dem Schloss gegenüber lag das nach der Reformation aufgelöste Dominikanerkloster.

Silbermannhaus. Eine Inschrifttafel – entworfen vom Freiberger Graphiker Helmut Rudolph (†1981) – weist auf den berühmtesten Mieter des Anwesens Schlossplatz 6 hin:

IN DIESEM HAUSE WAR
1711 – 1751 DIE WERKSTATT DES
BERÜHMTEN ORGELBAUERS
GOTTFRIED SILBERMANN
ERRICHTET ZUM GEDENKEN 1953

Nach seinem Tod 1753 wurde die Werkstatt von den Mitarbeitern Johann Georg Schön (bis 1763) und Adam Gottfried Oehme (bis 1789) fortgeführt. Von
beiden sind einige Orgeln im Landkreis Freiberg noch erhalten. Es gibt Hin-
weise, dass Teile im Keller- und Erdgeschoss des Hauses noch aus dem 15. Jahrhundert stammen (Andreas Becke). Wiederholte Umbauten bedeuteten jedoch
massive Eingriffe in die historische Bausubstanz. Eine ältere Bezeichnung für
das heute sanierte Gebäude lautete »Alte Reiterwache«, da hier ab 1665 die Reiterwache der Schlossgarde untergebracht war. Seit 1999 hat die Gottfried-Sil-
bermann-Gesellschaft in dem Haus ihr Domizil.

Wohn- und Werkstattsitz des Orgelbauers Gottfried Silbermann
(1683–1753)

Stammbaum der Familie Silbermann

Die Übersicht beschränkt sich auf die wichtigsten männlichen Familienmitglieder. In den Generationen nach Andreas und Gottfried sind nur diejenigen Vertreter der Familie genannt, die als Orgel- bzw. Klavierbauer tätig waren.

Michael Silbermann (1640–1713) heiratete nach dem Tode seiner ersten Frau nochmals. Der ersten Ehe entstammen die Söhne Michael d. J., Georg und Christian, der zweiten Andreas und Gottfried.

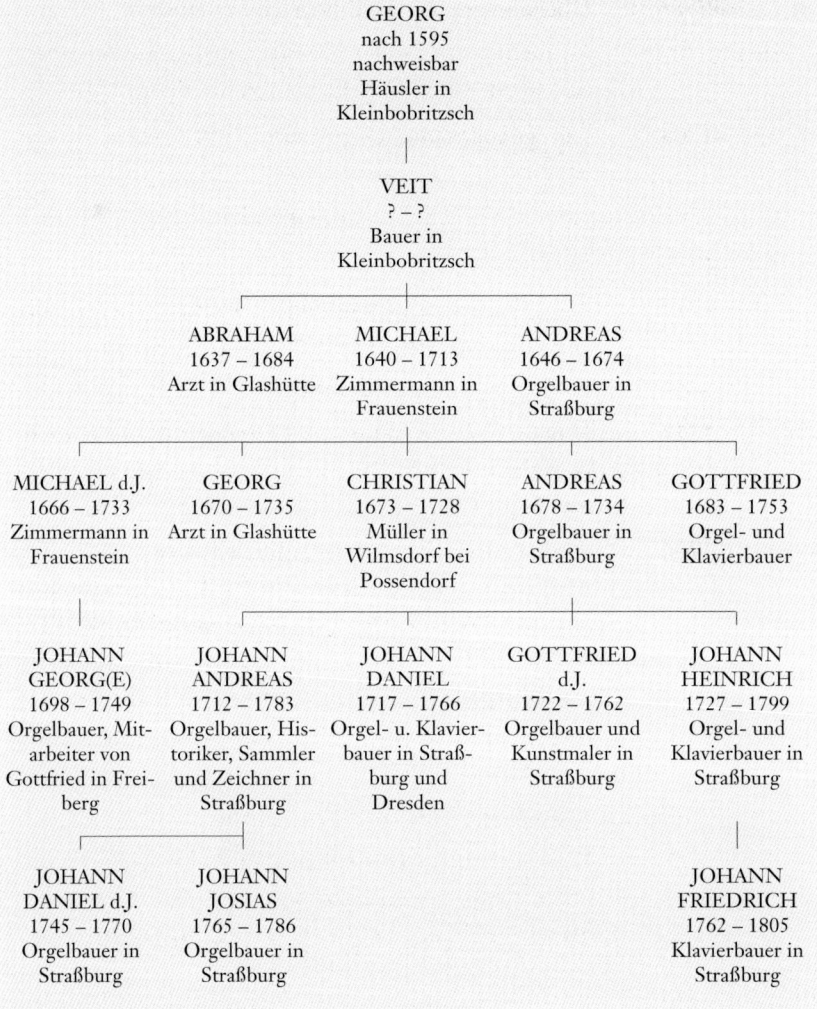

GEORG
nach 1595
nachweisbar
Häusler in
Kleinbobritzsch

VEIT
? – ?
Bauer in
Kleinbobritzsch

ABRAHAM
1637 – 1684
Arzt in Glashütte

MICHAEL
1640 – 1713
Zimmermann in
Frauenstein

ANDREAS
1646 – 1674
Orgelbauer in
Straßburg

MICHAEL d.J.
1666 – 1733
Zimmermann in
Frauenstein

GEORG
1670 – 1735
Arzt in Glashütte

CHRISTIAN
1673 – 1728
Müller in
Wilmsdorf bei
Possendorf

ANDREAS
1678 – 1734
Orgelbauer in
Straßburg

GOTTFRIED
1683 – 1753
Orgel- und
Klavierbauer

JOHANN GEORG(E)
1698 – 1749
Orgelbauer, Mitarbeiter von Gottfried in Freiberg

JOHANN ANDREAS
1712 – 1783
Orgelbauer, Historiker, Sammler und Zeichner in Straßburg

JOHANN DANIEL
1717 – 1766
Orgel- u. Klavierbauer in Straßburg und Dresden

GOTTFRIED d.J.
1722 – 1762
Orgelbauer und Kunstmaler in Straßburg

JOHANN HEINRICH
1727 – 1799
Orgel- und Klavierbauer in Straßburg

JOHANN DANIEL d.J.
1745 – 1770
Orgelbauer in Straßburg

JOHANN JOSIAS
1765 – 1786
Orgelbauer in Straßburg

JOHANN FRIEDRICH
1762 – 1805
Klavierbauer in Straßburg

Biographische Angaben zu Gottfried Silbermann

1683	(14. Januar) Gottfried Silbermann in Kleinbobritzsch bei Frauenstein als Sohn des Hofzimmermanns Michael Silbermann geboren
1685/86	Übersiedlung der Familie nach Frauenstein
ab 1701/02	Ausbildung bei seinem Bruder Andreas und Mitarbeit an gemeinsamen Orgelbauten in Straßburg / Elsass
1703–1708	vier gemeinsame Orgelbauten mit seinem Bruder Andreas
ab 1708	vermutlich Tätigkeit in Frankreich
1710	Rückkehr nach Sachsen
1711	Bau seiner ersten Orgel für die Frauensteiner Stadtkirche; Einrichtung der Freiberger Werkstatt
1711–14	Bau der Freiberger Domorgel
1723	Ernennung zum »Hoff- und Landorgelbauer« durch Kurfürst Friedrich August I. und König von Polen (Name: August II.)
1746	einzige nachweisbare Begegnung mit Johann Sebastian Bach anlässlich der Abnahme der Orgel des Silbermannschülers Zacharias Hildebrandt in Naumburg
1750	Abschluss des Vertrages über den Bau der Orgel für die Katholische Hofkirche in Dresden und eines Vertrages mit Hildebrandt über dessen Mitarbeit an diesem Werk
1753	(4. August) in Dresden verstorben
1755	Einweihung der von Silbermanns Mitarbeitern vollendeten Hofkirchenorgel
1711–1753	Bilanz: 45 nachweisbare eigene Orgelbauten

Orgeln von Gottfried Silbermann

ORT, JAHR DER FERTIGSTELLUNG, MANUALE / REGISTER

(Opus 1–4 zusammen mit Andreas Silbermann)

Opus 1: Straßburg, Margarethenkloster, 1703, II/12

Opus 2: Straßburg, Collegium Wilhelmitanum, 1706, I/8

Opus 3: Straßburg, Nikolauskirche, 1707, II/18

Opus 4: Straßburg, Neue Kirche, 1708, neues Pedalwerk 7

Opus 5: Frauenstein, 1711, I/15

Opus 6: Freiberg Dom, 1714, III/44

Opus 7: Conradsdorf, 1714, I/7, ohne Pedal

Opus 8: Pfaffroda, 1715, I/14

Opus 9: Oberbobritzsch, 1716, I/13

Opus 10: Niederschöna, 1716, I/14

Opus 11: Freiberg, Jakobikirche, 1718, II/20

Opus 12: Großkmehlen, 1718, II/22

Opus 13: Freiberg, Johanniskirche, 1719, I/14

Opus 14: Dresden, Sopienkirche, 1720, II/30

Opus 15: Dresden, Kapelle am Taschen-berg, 1720, I

Opus 16: Rötha, Georgenkirche, 1741, II/21

Opus 17: Rötha, Marienkirche, 1722, I/11

Opus 18: Chemnitz, Johanniskirche, 1722, I/14

Opus 19: Reichenbach, Peter-Paul-Kirche, 1725, II/29

Opus 20: Ringethal, 1725, I/6 ohne Pedal

Opus 21: Forchheim, 1726, II/20

Opus 22: Dittersbach, 1726, I/14

Opus 23: Oederan, 1727, II/24

Opus 24: Rochlitz, 1727, II/20

Opus 25: Lebusa, 1727, I/14

Opus 26: Tiefenau, 1728, I/9

Opus 27: Helbigsdorf, 1728, II/17

Opus 28: Püchau, 1729, II/20

Opus 29: Glauchau, Georgenkirche, 1730, II/27

Opus 30: Reichenbach, Trinitatiskriche, 1730, I/?

Opus 31: Reinhardtsgrimma, 1731, II/20

Opus 32: Mylau, 1731, II/21

Opus 33: Crostau, 1732, II/20

Opus 34: Freiberg, Positiv J. C. Erselius, 1731, I/5

Opus 35: Wegefarth, ?, I/?

Opus 36: Schweikershain, ?, I/6,

Opus 37: Etzdorf, jetzt Dom zu Bremen, 1734 (?), I/8

Opus 38: Freiberg, Petrikirche, 1735, II/32

Opus 39: Dresden, Frauenkirche, 1736, III/43

Opus 40: Ponitz, 1737, II/27

Opus 41: Frauenstein, 1738, II/20

Opus 42: Greiz, 1739, II/31

Opus 43: Zittau, Johanniskirche, 1741, III/44

Opus 44: Großhartmannsdorf, 1741, II/21

Opus 45: Zöblitz, 1742, II/20

Opus 46 : Fraureuth, 1742, II/20

Opus 47 : Burgk, Schlosskapelle, 1743, I/12

Opus 48: Nassau, 1748, II/19

Opus 49: Frankenstein, 1753, I/13

Opus 50: Dresden, Hofkirche 1755, III/47

Quelle: F.-H. Greß, Die Orgeln Gottfried Silbermanns, Dresden, 2. Auflage 2001

Anlässlich Silbermanns 300. Geburtstag richtete ihm 1983 die Stadt Frauenstein/Erzgebirge im Schloss ein Silbermann-Museum ein. Sein erster Leiter wurde der verdienstvolle Silbermannbiograph Werner Müller (1924–1999), dem seine Schwiegertochter Gisela Müller folgte (*1947).

Biographische Angaben zu Andreas Silbermann

1678	Geboren in Kleinbobritzsch bei Frauenstein als Sohn des Zimmermanns Michael Silbermann
Ab 1699	Nach Erlernen des Tischlerhandwerks im Elsass nachweisbar; bei wem er zum Orgelbauer ausgebildet wurde, ist unbekannt.
Ab 1701	wirkte er in Straßburg bei dem Orgelbauer Friedrich Ring.
1702	erhielt er hier das Bürgerrecht.
1704/06	bei Francois Thierry in Paris tätig
1709/10	Aufträge, u.a. für die Abteikirche Marmoutier
1711	Orgel für das Münster in Basel und
1714/16	das Münster in Straßburg
1734	gestorben

Insgesamt baute Andreas Silbermann 35 Orgeln im Elsass, in Baden und in der Schweiz. Sein ältester Sohn, Johann Andreas (*1712), erlernte bei ihm das Handwerk und übernahm mit 22 Jahren das Geschäft. Er baute 57 Orgeln im Elsass, unter anderem die von St. Thomas in Straßburg.

Schloss Freudenstein. Um 1180 ließ Markgraf Otto von Wettin zum Schutze des sich herausbildenden städtischen Gemeinwesens und des Silbererzbergbaus auf dem heutigen Schlossareal eine Burg mit Wehrfunktion und als Verwaltungssitz errichten. Im 15. Jahrhundert kam erstmalig die Bezeichnung »Schloss« auf. Von 1505 bis 1539 nutzte Herzog Heinrich der Fromme, Herr mit eingeschränkter Souveränität über das Freiberger Ländchen (bestehend aus den Ämtern Freiberg und Wolkenstein), mit seiner Gemahlin Katharina von Mecklenburg das Anwesen (nun Freudenstein genannt) als herzogliche Residenz. Hier wurden 1521 und 1526 ihre Söhne Moritz und August – spätere Kurfürsten von Sachsen – geboren. In der 2. Hälfte des 16. Jahrhunderts erfolgte unter Kurfürst August durch den Landbaumeister Hans Irmisch (1526–1597) ein totaler Umbau. Es entstand eine Vierflügelanlage im Renaissance-Stil mit annähernd rechteckigem Innenhof. Die 1576 geweihte Schlosskapelle im so genannten Kirchenflügel, dem Nordflügel, diente dem Hofgottesdienst und war letzter Aufbahrungsort von verstorbenen Angehörigen des Fürstenhauses bis zu deren Beisetzung im nahen Dom.

Renaissanceschloss Freudenstein (16. Jahrhundert);
Luftbildaufnahme, 2004 (Büschel)

Schloss Freuden-
stein, Rundturm
und Torhaus; um
1920

Im 17./18. Jahrhundert setzte ein zunehmender Verfall des bis dahin als Nebenresidenz von den albertinischen Landesfürsten in Anspruch genommenen Komplexes ein. Es folgte unter anderem die Nutzung als Gefangenenlager, Lazarett und Militärmagazin sowie während der DDR-Zeit bis 1979 als Getreidespeicher.

Nach Jahren des Leerstandes und Zerfalls kam es zu einer »wundersamen Wendung«: Im Juli 2004 legte der sächsische Ministerpräsident Georg Milbradt den Grundstein für die umfassende Sanierung und den Umbau des ruinösen Schlosses. Ab 2007/08 wird es Heimstatt einer weltberühmten Mineraliensammlung aus der Schweiz und Sitz des Sächsischen Bergarchivs, einer Außenstelle des Sächsischen Hauptstaatsarchivs, werden. Dann können, sehr zur Freude des Archivleiters Raymond Plache (*1966), die wertvollen, umfangreichen Bestände aus sechs Jahrhunderten – wie Akten, Grubenrisse, Bergbücher und -ordnungen – unter wesentlich besseren Raumbedingungen als derzeit im Sächsischen Oberbergamt in der Kirchgasse untergebracht und ausgestellt werden. Zugleich wird das Viertel eine spürbare städtebauliche und touristische Aufwertung und Belebung erfahren.

Schönbergscher Hof. »Der Schönbergsche Hof ist der bedeutendste städtische Adelshof und eines der wenigen Zeugnisse barocker Baukunst in Freiberg« (Uwe Richter). Die im Burglehen, heute Ecke Kirchgasse 15/Domgasse gelegene Vierflügelanlage aus dem 17. Jahrhundert weist im dreigeschossigen Hauptbau (Kirchgassenflügel) eine große Tordurchfahrt mit Kreuzgratgewölbe auf. Der Scheitelstein der Durchfahrt zeigt ein von Schönbergsches Doppelwappen und darüber die 1899 zu Goethes 150. Geburtstag angebrachte bronzene Inschrifttafel in Erinnerung an seinen Aufenthalt bei seinem Freund von Trebra. Der rückwärtige Teil (Brennhausgassenflügel) besitzt ebenfalls eine Tordurchfahrt sowie hofseitig einen Rundturm mit hölzerner Wendeltreppe. Trotz häufigen Besitzerwechsels sowie Umbauten und Umnutzungen sind beachtliche Reste der einst reichen Ausstattung erhalten geblieben. Der Gebäudekomplex war Wohnsitz der sächsischen Oberberghauptmänner Caspar von

Abraham von Schönberg (1640–1711), Sächsischer Oberberghauptmann; Ölgemälde (Kopie), 18. Jahrhundert

Schönbergscher Hof, Ansicht des Innenhofes

Schönberg (†1676), Abraham von Schönberg (†1711) und Friedrich Wilhelm von Trebra (†1819). Abraham von Schönberg brachte 1693 das bedeutsame montanistische Werk AUSFÜHRLICHE BERG=INFORMATION heraus und gründete 1702 als Vorläufer der Bergakademie Freiberg die Stipendienkasse zur Förderung der höheren Bergbeamten durch geregelten Unterricht.

Mit der Sanierung des Schönbergschen Hofes in den neunziger Jahren des vergangenen Jahrhunderts konnte ein weiterer wichtiger Altstadtbereich in Domnähe nach langem Leerstand wiederbelebt werden. Seitdem bewohnen vor allem Studenten die schmucken Appartements. Ergänzt wird die Nutzung durch eine Buchhandlung und eine historische Gaststätte mit Biergarten im Innenhof.

Sächsisches Oberbergamt. Beim dreigeschossigen spätgotischen Gebäude in der Kirchgasse 11 handelt es sich um einen ehemaligen Freihof der Familie von Schönlebe, den man nach dem Stadtbrand 1484 erbaute. Im Erd- und im Obergeschoss befinden sich prachtvolle, rippengewölbte Räume und reich profilierte Fenstergewände. Ein sehenswertes Stabwerk-Rundbogenportal bildet den Haupteingang.

1542 gründete Moritz von Sachsen (1521–1553) im Rahmen einer Verwaltungsreform das Sächsische Oberbergamt. In der Amtszeit des Oberberghauptmanns Abraham von Schönberg erfolgte die Verlegung vom Obermarkt (Städtisches Kaufhaus) in das neu erworbene Schönlebehaus. Hier blieb das Amt bis in das Jahr 1946. Auf Grund weiterer Verwaltungsakte folgten mehrfach Namensänderungen. 1946 wurde auf Befehl der russi-

Sächsisches Oberbergamt, Kirchgasse 11; Sitznischenportal aus dem 16. Jahrhundert

schen Militäradministration das Sächsische Oberbergamt aufgelöst. 1991 nahm das Amt als wichtige Landesbehörde seine Tätigkeit wieder am alten Standort auf.

Winklergedenkstätte. Im ehemaligen Silberbrennhaus in der Brennhausgasse 5, erbaut um 1600, befand sich von 1831 bis 1954 das chemische Institut der Bergakademie Freiberg. Nach dem Tode des Kurfürsten Johann Georg II. 1680 wurde der von außen nicht sehr auffällige Bau der ständige Wohnsitz der Kurfürsten-Witwe Magdalena Sybilla (†1687). Durch ein Renaissance-Rundbogenportal betritt man die Eingangshalle, deren Kreuzgratgewölbe von einer einzigen freistehenden Mittelsäule gestützt wird. Von 1873 bis 1902 wohnte der Chemie-Professor Clemens Winkler (1838–1904) in diesem Gebäude, unweit seines Geburtshauses in der Kirchgasse. Ihm zu Ehren richtete 1986 die Bergakademie eine Gedenkstätte mit historischem Laborinventar ein. Bahnbrechend war 100 Jahre zuvor seine Entdeckung des Elements Germanium gewesen – das wichtigste Grundmaterial für die spätere moderne Halbleiterelektronik. Zugleich wurde dadurch die Richtigkeit des Mendelejewschen Perioden-

Gedenkstätte für Clemens Winkler, Entdecker des Elements Germanium

systems auf eindrucksvolle Weise bestätigt. Beide Gelehrte – Dimitri Iwanowitsch Mendelejew (1834–1901) und Clemens Winkler – trafen sich 1894 in Freiberg.

Mineralogisches Institut, Werner-Bau. Das in Anwesenheit des sächsischen Königs Friedrich August III. 1916 eingeweihte Institutsgebäude der Technischen Universität Bergakademie Freiberg (Brennhausgasse 14) war seinerzeit der erste Eisenbetonbau Sachsens. Im zweiten Obergeschoss befindet sich eine sehenswerte Mineraliensammlung; Vorlesungssäle und moderne Laboratorien dienen der Lehre und Forschung. Seit 1961 trägt das Gebäude den Namen des berühmtesten Professors der Bergakademie – Abraham Gottlob Werner. Als Vermächtnis hinterließ er der Bildungsanstalt eine wertvolle Bücher- und Mineraliensammlung. Werners Grabmal befindet sich auf dem Dom-Friedhof und ist versehen mit dem sinnreichen Spruch:

Hier ruhet ABRAHAM GOTTLOB WERNER
Dieses Denkmal errichtete ihm schwesterliche Liebe
Ein bleibenderes Er sich selbst
1750 [sic!] 1817

Mineralogisches Institut (1916), Werner-Bau

»Haus Albertinum« des Geschwister-Scholl-Gymnasiums; Aufnahme von
1919 (Kretzschmar & Schatz)

Gymnasium, Haus Albertinum. Zwischen der Brennhausgasse und der Silbermannstraße befindet sich in der Geschwister-Scholl-Straße 1 ein 1875 ein-
geweihtes, stattliches Neo-Renaissance-Gebäude. »Neben den formal beton-
ten Fassaden nahmen die Empfangsräume, die Vestibüle, die Treppenhäuser
[…] einen hohen Stellenwert ein« (Volker Bannies). Der heutige Bau ist eine
Fünfflügelanlage und gehört zum Geschwister-Scholl-Gymnasium, dessen Traditionslinie bis auf die 1515 gegründete städtische Lateinschule zurückzuführen
ist. Nach der Reformation, von 1542 bis 1875, war die Bildungsanstalt im ehemaligen Domherrenhof (Thümerei) untergebracht.

Im Gebäude ist eine wertvolle historische Bibliothek – hervorgegangen aus
den Buchbeständen der im Zuge der Reformation aufgelösten Freiberger Klöster und des Domstiftes – untergebracht, darunter etwa 500 mittelalterliche Inku-
nabeln und Wiegendrucke. Als umsichtiger Leiter der Einrichtung hat sich
im 17. Jahrhundert Andreas Möller (†1660) – Stadtarzt, Konrektor der Schule und Verfasser der Chronik THEATRUM FREIBERGENSE CHRONICUM (1653, in
deutscher Sprache) – große Verdienste erworben. Seine Freiberg-Chronik gilt
neben den Beständen des Stadtarchivs und den MITTEILUNGEN DES FREIBER-

GER ALTERTUMSVEREINS (Gründung 1860) bis heute als wichtigste Quelle für die historische Stadtforschung. Möllers Grab befindet sich auf dem Domfriedhof. Sein Grabstein wurde 1998 in das Domlanghaus umgesetzt.

Zu würdigen ist auch Günter Blobel (*1936), Medizinprofessor an der Rockefeller-Universität in New York. Er legte 1954 am Geschwister-Scholl-Gymnasium sein Abitur ab. Für seine bahnbrechenden Forschungsergebnisse auf dem Gebiet der Zellbiologie wurde ihm 1999 der Medizin-Nobelpreis verliehen. Als Ehrenbürger der Stadt Freiberg und Ehrendoktor der Freiberger Universität hat er mehrfach seine »Heimatstadt« besucht. Für den Orgelmusikliebhaber Blobel gehört der Freiberger Dom stets zum Besuchsprogramm.

Franziskaner-Kloster. Im Zuge der Reformation (1537) kam es zur Auflösung der beiden Freiberger Bettelorden-Klöster. Vom Franziskaner-Kloster in der Mönchstraße 3 hat sich ein zweigeschossiges, spätgotisches Gebäude vom Anfang des 16. Jahrhunderts erhalten, dessen Nordgiebel in die vorbeiführende Stadtmauer eingebaut ist. Eine besondere Augenweide sind die zahlreichen Kielbogenfester sowie im Innern das Zellengewölbe und eine profilierte Holzbalkendecke. Bis ins 19. Jahrhundert war hier unter anderem das Stadtkranken- und Waisenhaus untergebracht. In den Jahren 2003 bis 2005 ermöglichte eine äußerst aufwändige, denkmalsgerechte Restaurierung und Sanierung des zuvor

Einziges erhalten gebliebenes Gebäude des Franziskanerklosters (1507)

längere Zeit leer stehenden und damit zunehmend dem Verfall überlassenen Gebäudes seine erneute Nutzung als schmuckes Wohn- und Geschäftshaus.

Domherrenhof (Stadt- und Bergbaumuseum). Etwa um 1485 entstand nach dem Stadtbrand von 1484 nördlich des Domlanghauses eine Gruppe schöner mehrgeschossiger, spätgotischer Häuser (Am Dom 1 bis 4 sowie das Gebäude Domgasse 6), errichtet aus Freiberger Gneisbruchstein für die Stiftsgeistlichkeit des 1480 an der Marienkirche gegründeten Kollegiatstiftes. Das imposante dreigeschossige Gebäude Am Dom 1 mit seinem steilen Satteldach, dem Blendnischengiebel an der zum Untermarkt gewandten Front, den zwei parallel ver-

Stadt- und Bergbaumuseum Freiberg; Zellengewölbe mit Mittelsäule im ehemaligen Remter. Ständige Ausstellung »Spätgotische Sakral-Kunst Obersachsens« (Foto: W. Rabich, Dresden)

Kurfürst August v. Sachsen;
Gemälde (Öl auf Leinwand) von
Lukas Cranach d.J., 1572
(Foto: W. Rabich, Dresden)

Kurfürstin Anna;
Gemälde (Öl auf Leinwand) von
Lukas Cranach d.J., 1572
(Foto: W. Rabich, Dresden)

laufenden Schmuck-Putzschnittfriesen sowie dem südlich an der Längsseite stehenden Treppenturm gehört bis heute zu den wertvollsten mittelalterlichen
Profanbauten Freibergs. Bis zur Einführung der Reformation war es Sitz des
Domdechanten und der Stiftsverwaltung. Die Kleriker und Vikare wohnten
teils in den Nachbarhäusern. Eine besondere Zierde sind die zellengewölbten
Decken in den Erdgeschossräumen und die zahlreichen Vorhangbogenfenster. Beide Kunstformen gelten als typisch für die Formensprache des sächsi-

schen Landesbaumeisters Arnold von Westphalen (†1481) und erinnern an viele spätgotische Sakral- und Profanbauten im Meißner Dom- und Burgviertel.

Nach Einführung der Reformation 1537 übergab der Landesherr, Herzog Heinrich der Fromme, den Domherrenhof der Stadt, die in ihm ab 1542 die Lateinschule unterbrachte. Mit der Verlegung des Gymnasiums verfiel das nun ungenutzte Gebäude zunehmend. Auf Initiative des Freiberger Altertumsvereins erfolgte nach umfangreichen Baumaßnahmen im Beisein des sächsischen Königs Georg von Sachsen (†1904) 1903 die Wiedereröffnung als König-Albert-Museum. Somit konnte der Abriss eines für die Prägung des Untermarktes so wichtigen Bauwerks verhindert werden.

Der Besucher betritt heute durch ein schönes, neogotisches Stabwerkportal das Stadt- und Bergbaumuseum, welches Heimstatt bedeutender obersächsischer Sakral- und Profankunstwerke ist. Besonders sehenswert sind neben Ausstellungen zur Freiberger Stadt- und Bergbaugeschichte ein Orgelpositiv aus dem 17. Jahrhundert, Schnitzwerke des Zwickauers Peter Breuer (so ein »Christus in der Rast«, um 1500), wertvolle spätgotische Skulpturen Freiberger Meister, Bergmannsfiguren aus Meißner Porzellan (1740/50) sowie Beispiele Freiberger Goldschmiede- und Zinngießerkunst vergangener Jahrhunderte. Einen besonderen Blickfang im ersten Obergeschoss stellen zwei von Lucas Cranach d. J. in Öl gemalte Bilder dar. Sie zeigen den sächsischen Kurfürsten August und seine Gemahlin Anna. Die Übergabe der Bilder in Freiberg erfolgte 1572 in Anwesenheit des Künstlers.

Untermarkt. »Die Platzgestaltung des Untermarkts gehört«, so Heinrich Magirius, »zu den großen Leistungen spätmittelalterlicher Stadtbaukunst. Die Geschoßhöhen der Bürgerhäuser steigen nach dem Dom hin an.« Der etwa trapezförmige Platz wird seit Anfang des 16. Jahrhunderts eindrucksvoll von einer spätgotischen Gebäudegruppe dominiert – bestehend aus dem ehemaligen Domherrenhof (Thümerei) und dem Dom St. Marien. Im Umkreis des Domes und Untermarktes – Letzterer wurde noch vor 1190 am Schnittpunkt zweier Fernstraßen angelegt – finden sich viele Gebäude des 15. und 16. Jahrhunderts, die auf Grund der Fenster-, Portal- und Dachgestaltung ihren spätgotisch-sakralen Ursprung noch heute offenbaren. Hierzu zählen die Annenkapelle, der Kreuzgang, die Gebäude Am Dom 1 bis 4, Domgasse 6 (heute Dompfarramt) sowie Untermarkt 1 (Sitz der Superintendentur). Als besondere Zierde fallen die wunderschönen Vorhangbogenfenster mit profilierten Gewänden ins Auge. Alte Freiberger Stadtpläne, so der von Sebastian Münsters

Historische Ansicht des Untermarktes, rechts vom Dom der Domherrenhof; Postkarte von 1910 (Hugo Engler)

Cosmographie (1554), zeigen, dass bis ins 16. Jahrhundert einige Partien des
Untermarktes ursprünglich vom Kirchhof der Marienkirche, dem späteren
Dom, eingenommen wurden. Ein Teil des Dom-Kirchhofes ist bis heute er-
halten geblieben. In der vom Untermarkt abzweigenden Kreuzgasse, früher
»Krumme Gasse« genannt, befand sich von 1830 bis 1999 die erste nach der
Reformation geweihte katholische Kirche, St. Johannes der Täufer.

Im Haus Untermarkt 21, ehemals Gasthof »Goldene Pforte«, einem statt-
lichen Renaissancebau, wohnte einst der Domkantor, Komponist und Lehrer
Johann Christian Demantius (1567–1643). Eine Gedenktafel weist auf sein
segensreiches Wirken sowohl in der kursächsischen wie auch der Freiberger
Musikgeschichte hin.

Alte Jakobikirche. Unweit des Untermarktes befand sich bis 1890 im Kreu-
zungsbereich von Pfarr- und Terrassengasse die älteste Kirche von Freiberg, die
dem heiligen Jakobus geweihte Kirche von Christiansdorf (um 1160/65). Seit
dem 13. Jahrhundert war St. Jakobi ein Kloster »von den büßenden Schwestern
der hl. Maria Magdalena« angeschlossen. Dessen Areal erstreckte sich vom
Meißner Tor (1877 als letztes der fünf Stadt-Tore abgebrochen) bis zur heuti-

35

Alte Jakobikirche von Christiansdorf/Sächsstadt; Foto, 1884 (Reymann)

gen Terrassengasse. Im Zuge der Reformation wurde auch dieses Kloster aufgelöst.

Nach dem Abbruch der alten Jakobikirche entstand als Ersatz 1890/92 ein
neugotischer Sakralbau gleichen Patroziniums vor den Toren der Altstadt in
der Nähe des Donatsturmes. Wertvolle Ausstattungsstücke des Vorgänger-
baus wie der manieristische Altar (1610) von den Bildschnitzern Bernhard Ditterich und Sebastian Grösgen, der Taufstein (1555) von Hans Walther II., die
Kanzel (1564) vom Ratssteinmetzmeister Andreas Lorentz und die Silbermann-
Orgel (1716/17) wurden übernommen. Seit 1903 steht auf dem alten Kir-
chenstandort das überdimensioniert wirkende Gebäude der Albrecht-Dürer-
Schule – städtebaulich betrachtet eine »Katastrophe« für das Viertel.

DER DOM ST. MARIEN

Romanische Marienkirche. Noch zur Zeit des Stadtgründers Markgraf Otto von Wettin (†1190) wurde innerhalb des Burglehens im Bereich Untermarkt, dem heutigen Domstandort, um 1180 eine Marienkirche in Gneisbruchstein errichtet. Sie war im Stil einer dreischiffigen, spätromanischen

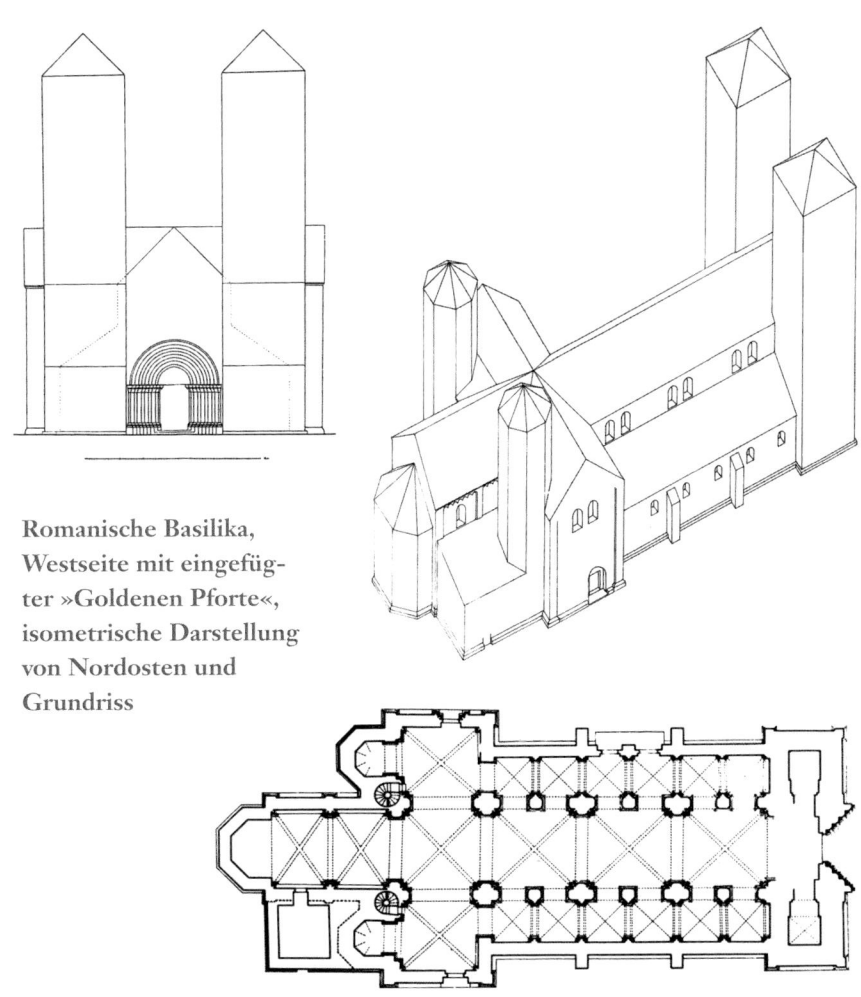

Romanische Basilika,
Westseite mit eingefüg-
ter »Goldenen Pforte«,
isometrische Darstellung
von Nordosten und
Grundriss

Pfeiler-Basilika gebundenen Systems gehalten, mit zwei Querhausarmen, erhöhtem Mittelschiff, lang gestrecktem Presbyterium sowie einer polygonal gebrochenen Hauptapsis und zwei polygonalen Nebenapsiden als östlichem Bauabschluss. Den zwei quadratischen Westtürmen standen zwei niedrigere, polygonale im Osten gegenüber. Der gesamte Sakralbau war gewölbt und zeigte »Einflüsse von der zwischen 1175 und 1198 errichteten Kirche des nahen Zisterzienserklosters Altzella« (Heinrich Magirius). Annähernd quadratisch gehalten waren die Vierung, die Querhausarme und die drei Mittelschiffjoche, denen man sechs Seitenschiffjoche zugeordnet hatte. Möglicherweise wurden das Mittelschiff und die Ostteile kreuzrippengewölbt, die Seitenschiffe kreuzgratgewölbt. Nördlich des Presbyteriums mit seinen zwei queroblongen Jochen befand sich ein Anbau, den man als Sakristei (Erdgeschoss) und Gebeinkeller (Untergeschoss) nutzte. Südlich des Chores mussten 1288 die Nebenapsis und der Südostturm einer hochgotischen Marienkapelle weichen; diese wiederum wurde 1480 durch eine Allerheiligenkapelle mit südlichem 5/8-Schluss ersetzt.

Chor und basilikales Langhaus hatte man um 1225/30 durch einen steinernen Lettner getrennt. Vor diesem stand im Mittelalter der Kreuzaltar für die Messfeier der Gemeinde. Zwischen den Westtürmen fügte man ein stark figuriertes Portal ein, das man später wegen der reichen Vergoldung die »Goldene Pforte« nannte. Die dominierende Wirkung des Portales, das der Westseite eine gesteigerte »Schönheit« verlieh, ergab sich nach außen hin durch die Sichtachse zwischen der Basilika und der markgräflichen Burg. Unübersehbar wurde damit die Zugehörigkeit des Gotteshauses zum Burglehen betont.

Bisher gelang es der Stadtgeschichtsforschung nicht, alle kirchenbauhistorischen Abläufe restlos zu klären. So fehlen eindeutige archivalische Belege dafür, dass Markgraf Otto tatsächlich der Bauherr der Basilika war. Dennoch ist das Errichten einer so bedeutenden Kirche in »seinem Burglehen« ohne markgräfliche Unterstützung, Begleitung und Intention undenkbar. »Möglicherweise verfolgte er bereits die Gründung eines Kollegiatstiftes an der Marienkirche« (Heinrich Magirius), was wohl wegen Ottos Tod 1190 verhindert wurde.

Archäologische Bauuntersuchungen in den fünfziger und sechziger Jahren des 20. Jahrhunderts durch das Institut für Denkmalpflege Dresden (Heinrich Magirius/ Elisabeth Hütter) erbrachten aufschlussreiche Erkenntnisse über den romanischen Vorgänger der jetzigen Domkirche. Diese enthält heute noch im Ostteil bemerkenswerte Relikte des Ursprungsbaues. Stellvertretend seien die Kapitelle der östlichen Vierungspfeiler, ein Biforiumsteil mit eingestellter

Romanische Basilika, südöstlicher
Vierungspfeiler mit romanischer
Bauornamentik im Kapitellbereich

Säule und Reste romanischer Rund-
bogenfriese an den Seitenwänden
des ehemaligen Presbyteriums innerhalb der Dachböden der Vor-
chor-Seitenkapellen genannt.

Durch den Stadtbrand von 1484
erlitt die Basilika erhebliche Schäden.
Nach Magirius war »die Freiberger
Marienkirche einer der großartigsten
Bauten der späten Romanik östlich
der Saale und übertraf an Größe den
alten Meißner Dom bei weitem«,
obwohl sie nie Bischofskirche war.
Diesen Rang besaß seit Gründung
des Bistums Meißen (968) der dorti-
ge Dom.

Domerhebung. Bereits seit dem 8. Jahrhundert gab es erste Versuche des
Bischofs Chrodegang von Metz, die weltlichen Kleriker seines Kapitels zu ei-
nem gemeinsamen Leben vor Ort zu verpflichten. Unter Kaiser Ludwig dem
Frommen erhob man 817 auf einer Aachener Reichssynode die Vorschriften
(Statuten) hierzu zum Gesetz.

Eine solche geistliche Institution wurde auf Bitten des sächsischen Fürstenhauses und der Freiberger Bürgerschaft bei Papst Sixtus IV. (Pontifikat 1471–
1484) erbeten. Gemäß einer päpstlichen Bulle vom 12. April 1480 weihte der
Meißner Bischof Johann V. von Weißbach am 14. August des gleichen Jahres
in einem feierlichen Gottesdienst die Marienkirche zu einer Kollegiatstiftskirche (= Thumb, Dom) und ordnete anhand einer bischöflichen Urkunde die
Verhältnisse der Kanonikate, des Dekanats und der Vicarien. Im Freiberger
Stadtarchiv werden die zwei beglaubigten Abschriften der Original-Perga-
menturkunden von 1480, die päpstliche und die bischöfliche, aufbewahrt. Zu-
nächst wurden acht, später insgesamt zwölf Kanonikate errichtet und durch das
Patriziat, den Freiberger Klerus und den Adel mit den erforderlichen Mitteln

Päpstliche Stiftungsurkunde (Bulle) zur Gründung eines Kollegiatstiftes an der Freiberger Marienkirche; 1480 (Foto: Günther Galinsky)

und Einkünften (Pfründen) ausgestattet. Die nördlich der Domkirche gelegenen Stiftsgebäude dienten den Domherren und ihren Vikaren als Wohn- und Amtsräume. Zu den wichtigen Aufgaben der Geistlichkeit gehörten die täglichen Chormessen, Chorgebete (Psalmen- und Schriftlesungen aus dem Alten und dem Neuen Testament gemäß den Horen wie Laudes, Vesper, Komplet) und die Seelsorge. Der bis 1514 errichtete Dom-Kreuzgang garantierte den Stiftsherren einen wettergeschützten Ablauf der Prozessionen. Zweifellos bedeutete diese Stiftung sowohl für die Freiberger Marienkirche als auch für die Stadt eine besondere Auszeichnung.

Zum ersten Dekan des Stiftes wurde Heinrich Spangenberg berufen. Auf seinem verloren gegangenen Grabstein stand in Latein geschrieben: »hic jacet henricus spangenberg [...]. Orate deum pro anima eius« – in voller Länge übersetzt: Hier ruht Heinrich Spangenberg, vom Tode bezwungen, er hat einst die beste Seelsorge für das Volk geleistet, das war sein Amt, und er hat Mühen an dieser der seligen Jungfrau Maria geweihten Kirche ertragen, nachdem das Hei-

Bronze-Epitaph des Domherren Andreas Kreuel (gestorben 1508)

ligtum Kollegiatkirche geworden ist, wurde er vor allen zum ersten Dekan er-
wählt. Er starb 1489 am 14. Tage des Dezembers. Bittet Gott für seine Seele.

Sein Nachfolger wurde der Domherr Andreas Kreuel (†1508). Von ihm ist
in der Domvorhalle, am Nordwest-Turm, ein bemerkenswertes Bronze-Epitaph erhalten geblieben, auf dem steht: »Siste gradum precor […] huc corpus
resq. operasq. tuli« (Halte ein den Schritt […] hier ruht sein Körper, nachdem
er die Lasten ertragen hat). Darüber ist ein sehr altes, metallenes, bergmännisches Schlägel-Eisen-Zeichen angebracht, vielleicht das älteste in Freiberg. Eine weitere Tafel berichtete: »Anno dni 1508. ior am x. tage des monden augu-
sti ist verstorben magister andreas krewell der ander dechant dyesser löbelichen
kirchen: dy her getrewlich myt leibe gute, vnd allem vleis geforderth hot dem got
gnade:«.

Domneubau – Reformation. Vier Jahre nach der Errichtung des Kollegiatstiftes wurde 1484 das Domlanghaus während des vierten Stadtbrandes durch

Feuer schwer beschädigt. Hierüber berichtet der Freiberger Chronist Andreas Möller in seiner 1653 verfassten Chronik THEATRUM FREIBERGENSE CHRONICUM: »Am Montags Corporis Christi [=Fronleichnam] […] ist die Stadt Freibergk zum vierdtenmal ganz außgebrand […] und hat in geschwinder Eil […] die Frawenkirche / so nunmehr zur Thumbkirche eingeweihet war […] ergriffen.« Infolge der erheblichen Schäden an der Domkirche – nur der bereits nach dem Stadtbrand 1386 gotisch erweiterte Chorraum im Parler-Stil (Erhöhung und Neuwölbung des Vorchores) war nicht betroffen – entstand bis 1501 an gleicher Stelle ein neuer Bau, eine der frühesten spätgotischen Hallenkirchen Obersachsens. Sie bildete seit etwa 1515 mit den weiteren Stiftsgebäuden wie den Domherrenhäusern, dem Kreuzgang und der Annenkapelle ein eindrucksvolles spätgotisches Ensemble. Der Grundriss des einstigen basilikalen Langhauses einschließlich der Westtürme hätte Platz im heutigen Langhaus. Vom Domstift verlangte der Wiederaufbau die Bewältigung eines schwierigen Finanzierungsproblems. Letzteres konnte mit einem durch Papst Innozenz VIII. genehmigten Ablassbrief – datiert vom 10. Juli 1491 und derzeit aufbewahrt im Stadtarchiv Freiberg – gelöst werden. Dieser Ablass ermöglichte dem Erwerber während der Fastenzeit den Verzehr von Butter und Milch. Im Volksmund bürgerte sich der Name »Butterbriefe« ein. »Im Bistum Meißen kam es zu einem größeren Protest gegen das Ablaßwesen von 1491 bis 1496 mit dem Streit um die Freiberger ›Butterbriefe‹, der bis zur Universität Leipzig und nach Rom Aufmerksamkeit erregte« (Helmut Petzold).

Herzog Heinrich der Fromme und seine Gemahlin, Katharina von Mecklenburg, führten in ihrem »Freiberger Ländchen«, zu dem die Ämter Freiberg und Wolkenstein gehörten, trotz heftigen Widerstandes seitens des katholischen Landesfürsten des sächsich-albertinischen Herzogtums, Georg des Bärtigen (Bruder Heinrichs des Frommen), die Reformation ein. Am Neujahrstag 1537 hielt der durch Martin Luther nach Freiberg vermittelte Geistliche Jakob Schenk (†1546) den ersten evangelischen Gottesdienst im Dom und reichte das Abendmahl »unter beiderlei Gestalt«. Die Reformation bedeutete das Ende des Kollegiatstiftes. Nach der Amtsenthebung Schenks wegen großer Differenzen mit der Kirchenleitung wurde Freiberg Sitz einer Superintendentur. Nikolaus Hausmann (†1538) berief man zum ersten Superintendenten. Der Dom war nun evangelische Hauptkirche der Stadt und Predigtstelle des Superintendenten.

Nach der Reformations-Losung der Protestanten »Gottes Wort bleibet ewiglich« waren schon Jahre vor Einführung der Reformation Teile der Bevölkerung, des Hofes, des Adels sowie Klosterangehörige vom lutherischen Gedankengut ergriffen worden. Interessant ist, dass dieser Wahlspruch bis heute einige Häuser schmückt, so etwa in der Ausführung »V.D.M.I.AE.« (= Verbum Domini Manet In AEternum; Mat. 24,35 und Jes. 40,8).

Die Veränderungen in Freiberg waren nur der Beginn einer weiter reichenden Entwicklung. Nach dem Tode seines älteren Bruders, Herzog Georg des Bärtigen († 1539), führte Heinrich unverzüglich im gesamten albertinischen Herzogtum Sachsen die Reformation ein, die sein Vorgänger so vehement abgelehnt hatte. Die herzogliche Familie siedelte nach Dresden ins Schloss über.

Baubeschreibung des Domes. Seit mehr als 500 Jahren erhebt sich stolz der wiedererstandene Dom mit seinem gewaltigen, 20 Meter hohen Satteldach und dem äußerlich schlichten, massigen Baukörper majestätisch über den stimmungsvoll-malerischen Untermarkt. Neben der Leipziger Thomaskirche gehört der Freiberger Dom zu den frühesten großen obersächsischen Hallenbauten. Im Unterschied zum basilikalen Baustil besitzen diese nun annähernd gleich hohe Kirchenschiffe und faszinierende Gewölbefigurationen, die ein-

Aufriss: Nordansicht des spätgotischen Domes (nach 1931/32)

43

Blick aus der Kirchgasse
Richtung Dom (Westseite);
Foto, 1902 (Reymann)

zelnen Raumteile verschmel-
zen jochverschleifend zu einer
einheitlich weiten Halle. Ohne
Zweifel kam diese neue Raum-
ordnung dem Wunsch der
Besucher nach intensiverer
Teilnahme am Gottesdienst
entgegen. Erfreulicherweise
blieb bis in die Gegenwart der Raumcharakter der spätgotischen Halle im Wesentlichen von baulichen Veränderungen verschont.

Der dem Untermarkt zugewandte Ostgiebel des Domes wird durch drei Rei-
hen rundbogiger Blendnischen, dagegen die nördliche Langhausseite an der
Straße Am Dom sowie die südliche Langhausseite am Grünen Friedhof entsprechend der sechs Innenjoche durch sechs Fensterachsen zwischen den Strebepfeilern gegliedert. Auf Grund der Emporenanlage sind die maßwerkge-
schmückten Fenster zweireihig angeordnet. Ein zierlicher Dachreiter krönt das

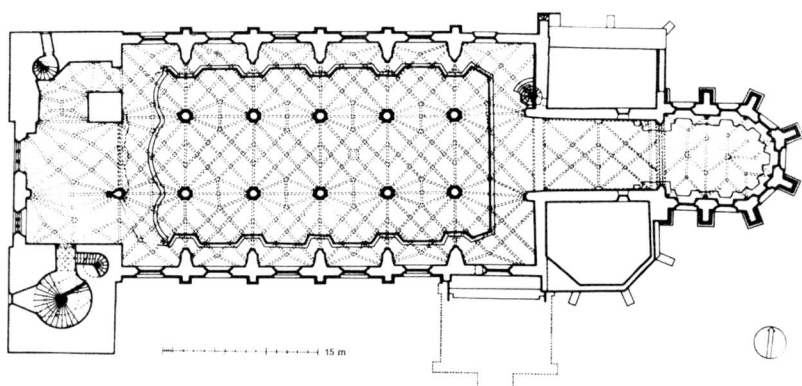

Grundriss: Projektion des spätgotischen Rippennetzgewölbes

Hallenlanghaus. Mit seinem gegenüber dem Langhaus wesentlich niedrigeren »welschen« Dach und den seitlichen Anbauten ragt der Chor weit in den Untermarktbereich hinein.

Die beiden trutzig-wehrhaft wirkenden Westtürme, am Ende der Kirchgasse gelegen, sind erheblich niedriger als das Langhausdach oder der östliche Dachreiter. Schmucklos gehalten und – da unvollendet – in ungleicher Höhe ausgeführt, erreichen sie keine Dominanz über den Gesamtbau. Erst 1730 erhielt der Westteil des Langhausdaches eine Abwalmung. Im Rahmen der Verlegung der Glockenstube vom Nordwest- in den Südwest-Turm erfuhr Letzterer 1931/32 eine Aufstockung um ein Geschoss; die ursprüngliche Turmhöhe reichte nur bis zur Dachtraufe des Langhauses. Ein von Bruno Schmitz 1910/13 zur Neugestaltung der Westturmfront eingereichter Entwurf, der einen erhöhten West-Breitturm vorsah, konnte wegen Kostengründen und drohender Kriegsgefahr nicht verwirklicht werden. Dennoch bleibt für die Domgemeinde ein Trost, gilt doch die Gleichung: »hohe Türme = hohe Unterhaltungskosten«.

Über die Baugeschichte des Domes selbst schweigen sich merkwürdigerweise die Bau- und Kirchenakten weitgehend aus; es existieren aus dieser Zeit keinerlei Abrechnungen. Bemerkenswert ist, dass schon damals, wenn es ums Geld ging, notfalls heftig prozessiert wurde. So in den Jahren 1497 und 1500, als ein »Johann Falkenwaldt, bawmeister der kirchenn unser lieben frawe zu freibergk«, beim Oberhofgericht Altenburg Ansprüche auf 65 Gulden erhob.

Dom-Westseite mit dem Südwest-Turm, der bis zur Dachtraufe reicht; Erhöhung 1931/32

45

Dominneres. Vier spätgotische Portale und das spätromanische Rundbogenportal Goldene Pforte bilden die Zugänge in die Kirche. Der Haupteingang an der Turm-Westseite ist ein flachbogiges, spätgotisches Stabwerkportal mit schräger Portallaibung und teilweisen Stabüberschneidungen im oberen Bogenbereich. Durch eine Blende wird das Portal mit dem darüber liegenden Fenster verbunden.

Dem Betrachter eröffnet sich nach dem Eintritt durch das Westportal und dem Durchschreiten der niedrigeren, asymmetrisch gebauten Vorhalle mit ihrer komplizierten Gewölberippenkonfiguration die ganze Pracht und Herrlichkeit eines Innenraums, der zu den schönsten Sachsens zählt. Unwillkürlich wird man an den Psalm 26,8 erinnert: »Herr, ich habe lieb die Stätte deines Hauses und den Ort, da deine Ehre wohnt.« Beachtlich sind die Dimensionen. Das Langhaus ohne Vorhalle ist etwa 40 Meter lang, 22,5 Meter breit und 20 Meter hoch. Darüber ruht ein 20 Meter hohes Satteldach – eine bemerkenswerte Zimmermannsleistung. Für den mehrgeschossigen Dachstuhl sind wahrlich die Baumstämme eines Waldes verbaut worden.

Zehn schlanke, achteckige Freipfeiler mit konkav eingezogenen Seiten stützen das flachtonnige, spätgotische und jochverschleifende Netzrippengewölbe der drei annähernd gleich hohen Kirchenschiffe. Überraschend schön wirkt die nahezu folkloristisch anmutende, farbenprächtige Deckenbemalung vom Anfang des 16. Jahrhunderts. Bräunliches Geäst, phantasievolle Blumen und Rankengebilde legen sich um die Schlusssteine und Rippenkreuzungen. Sie verkörpern vielleicht die biblische Vorstellung eines himmlischen Paradieses, eines Garten Eden, so wie der lichtdurchflutete Kirchenraum ein »Abbild des himmlischen Jerusalems« darstellen könnte.

Reste der früheren Originalausmalung sind noch in Gewölbebereichen der Obersakristei (Nordost-Ecke des Langhauses) und innerhalb der großen Silbermann-Orgel (Westempore) vorhanden.

Auffallend sind die tief in das Dominnere hineinragenden Strebepfeiler, die durch Arkadenbögen verbunden wurden. Darauf ruht eine die Längsseiten sowie die Ostseite des Langhauses umlaufende Empore, deren Brüstung mit einem kunstvollen Fischblasenmaßwerk gefüllt ist. Balkonartig kröpfend werden die gekehlten Strebepfeiler spielerisch umlaufen. Bis zur Reformation standen in den durch diese Pfeiler gebildeten Nischen und an weiteren Standorten zahlreiche gestiftete Altäre, an denen täglich die heiligen Messen gelesen wurden.

Domorganist Elias Lindner ließ 1711/12 die Westempore wegen des Neubaus der Silbermannorgel durch eine auskragende Empore mit geschwungener

Blick nach Osten in das Dom-Langhaus nach der Umgestaltung des Altar-
bereiches 1894; Postkarte, 1910 (Hugo Engler)

Brüstung umfassen, um so die Schwingung des zukünftigen Orgelprospektes aufzunehmen.

Im Ostemporenbereich weisen zwei prachtvolle Messingleuchter aus dem 18. Jahrhundert auf den tief verwurzelten Glauben der Bergleute hin, so etwa mit ihrer Umschrift: »An Gottes Segen ist alles gelegen, Wer wil Bergwergk bauen, der muß Gott vertrauen.«

Sein festlichstes »Gewand« legt der Dom an, wenn bei Sonnenschein das helle Licht in großer Fülle durch die klaren Butzenscheiben der hohen Maßwerkfenster ungehindert ins Dominnere strömt und sich die Strahlen an den scharfen Graten der polygonalen Freipfeiler brechen.

Glockengeläut. Mit seiner glockenmusikalischen Disposition gehört das bronzene Domgeläut (etwa 80% Kupfer + 20% Zinn) zu den wertvollsten und ältesten im sächsischen Raum. Seit Jahrhunderten ruft sein Klang die Gläubigen zu den Gottesdiensten oder läutet zu kirchlichen Kasualien. Der Südwest-Turm, der in den Grünen Friedhof hineinragt, trägt das 6-Glocken-Geläut. Zur Glockenstube in etwa 35 Metern Höhe gelangt man über den bis auf die Höhe der Langhaus-Empore reichenden Großen Wendelstein mit seinem sehenswerten spätgotischen Zellengewölbe als Deckenabschluss. Weiter führt der Weg über einen im Durchmesser deutlich verkleinerten Wendelstein nach oben.

Vier der noch aus dem 15. Jahrhundert stammenden Glocken wurden bereits während des Wiederaufbaus der Domkirche in den Jahren 1488 bis 1496 von Oswald Hilliger (1450–1517) in der Freiberger Gießhütte gegossen. Mehrere Hilliger-Genera-

»Große Susanne« (1488) von Oswald Hilliger, hier noch im Nordwest-Turm aufgehängt; Foto, 1931 (Reymann)

tionen übten das Kunsthandwerk eines Glocken-, Kannen- und Stückgießers aus. Die größte Glocke, genannt die »Große Susanne« (1488), ist im Halsbereich mit einer flechtartigen floralen Verzierung und einer lateinischen Umschrift in gotischen Minuskeln geschmückt: »anno domini mccccclxxxviii pridie kalendas augvsti hoc opvs insigne feleciter consummatum est« (Im Jahr des Herrn 1488 ist ein Tag vor dem August dieses ausgezeichnete Werk gut beendet worden); den Mantel (die Flanke) ziert ein Marienbild. Drei weitere frühe Glocken (gegossen 1496) sind erhalten geblieben und ebenfalls mit lateinischer Umschrift in gotischen Minuskeln geschmückt: die Morgen-, die Kinder- und die Silberglocke. Wegen eines Sprunges wurde 1896 die Lutherglocke durch die Dresdner Firma Albert Bierling umgegossen. Sie ist versehen mit dem Spruch: »Eine feste Burg ist unser Gott 31. Oktober 1896«. Lediglich die fünfte Hilligerglocke (Taufglocke, 1512) kehrte nach dem Zweiten Weltkrieg nicht aus dem Glockenlager Hamburg-Harburg zurück. Sie wurde 1956 durch einen Neuguss in der Apoldaer Glockengießerei Franz Schilling ersetzt und ist verziert mit der Aufschrift »LASSET EUCH VERSÖHNEN MIT GOTT«.

Name	Gussjahr	Gewicht	Schlagton
Große Susanne	1488	4570 kg	Ton b°
Lutherglocke	1896	1120 kg	Ton es'
Morgenglocke	1496	392 kg	Ton c"
Kinderglocke	1496	280 kg	Ton d"
Silberglocke	1496	196 kg	Ton f"
Taufglocke	1956	120 kg	Ton g"

Noch eine Bemerkung zur Glockenzier: Eine Glocke ist vergleichbar mit einem Musikinstrument. Ihre Tonqualität wird unter anderem auch von der Art der auf dem Rotationskörper (Flanke) aufgetragenen Zier beeinflusst. Ist diese zu stark und asymmetrisch ausgeführt, so kann es zu Teiltonverstimmungen führen. Genau dieser Fall trat 2002 beim neuen Geläut der Dresdner Frauenkirche ein. Sechs Glocken mussten hier mit reduzierter Zier erneut gegossen werden.

Nach der Läuteordnung erklingt »Volles Geläut« nur zu den hohen kirchlichen Feiertagen. Von November 1996 bis Ostern 1997 erfuhren das Domgeläut sowie die Glockenstube eine grundlegende Rekonstruktion und Restaurierung.

In Freiberg hängen noch vier weitere Hilliger-Glocken: zwei in St. Petri (Guss 1487 und 1570), eine in St. Nicolai (Guss 1487) und eine als Stundenschlag-glocke im Rathausturm (Guss 1492).

Ausstattungsstücke im Langhaus. *Triumphkreuzgruppe.* In Stifts- und Klos-terkirchen trennte ein Lettner die Bereiche für Laien und Geistlichkeit, also Langhaus und Chor, deutlich ab – so auch im Freiberger Dom.

Vom romanischen Vorgängerbau sind einige spätromanische Lettnerteile überkommen. Sie werden im Kreuzgang-Lapidarium aufbewahrt. Nach dem Abbruch des ersten Lettners (um 1480) waren diese Reste an der Außenwand des gegenüberliegenden Domherrenhauses angebracht worden.

Über dem Lettner erhob sich seit etwa 1225 eine eichene Triumphkreuz-gruppe, von der die romanischen Skulpturen noch mit partieller Original-Po-lychromie erhalten blieben. »Mindestens seit dem 18. Jahrhundert war sie [die Triumphkreuzgruppe] in die Götzenkammer verbannt, wo sie […] 1836 wie-derentdeckt wurde« (Heinrich Magirius). Bei dieser Kammer handelt es sich um einen prachtvollen, spätgotisch-zellengewölbten Raum im Südwest-Turm. Nach der letzten Restaurierung wurde die Gruppe 1966 wieder im Triumph-bogen des Domes zwischen Langhaus und Chor aufgestellt. Das dazugehöri-ge Holzkreuz mit den Dreipassenden ist eine neuzeitliche Anfertigung. Er-greifend ist das Antlitz Christi gestaltet. Er ist nicht nur als Leidender, sondern zugleich der älteren christlichen Tradition entsprechend als siegreicher Über-winder des Todes dargestellt. »Christus hängt nicht, sondern er steht – trotz-dem er mit drei Nägeln angeheftet ist – mit leicht angewinkelten Armen vor dem Kreuz, als wolle er den Betrachter umarmen« (Heinrich Magirius). Flan-kiert wird er von seiner Mutter Maria und Johannes dem Jünger als Zeugen der Kreuzigung. In ihren Gesten und Gesichtern sind Schmerz und Trauer ablesbar. Während Maria mit den Händen ringt, hat Johannes die Rechte im Trauergestus an die Wange geführt. Zwei weitere bedeutende Triumphkreuz-gruppen aus dem frühen 13. Jahrhundert besitzen die Stiftskirche zu Wech-selburg (Sachsen) und der Dom zu Halberstadt (Sachsen-Anhalt). Alle drei Ge-nannten gelten als herausragende Werke im mitteldeutschen Raum.

Epitaphe. Im Dominnern hängen an den Wänden noch einige qualitätsvolle Epitaphe – Gedächtnismale angesehener adliger und patrizischer Freiberger Geschlechter des 16. bis 18. Jahrhunderts. Einst war die Fülle an Grabplat-ten, Grabsteinen und Epitaphen aus Holz oder Stein noch größer, wobei manch sehenswertes Exemplar nicht nur im Dom, sondern auch auf dem Grünen Friedhof sowie im Kreuzgang erhalten blieb. Als besonders betrachtenswert stellt sich in der Domvorhalle das manieristische, hölzerne Hänge-Epitaph des Kaufmanns und Ratsherren Hans Holewein (†1607) aus der Werkstatt Franz Ditterichs des Jüngeren mit reichem figürlichen Dekor und geschnitzten Details zu biblischen Themen dar.

In einer Nische unter der Südempore befindet sich das der Maria Meurer (†1632) gewidmete und aus der Werkstatt von Bernhard Ditterich (1585–1640) stammende Epitaph in aufwändig ornamentaler Verzierung. Zu sehen sind die biblischen Szenen »Kampf des Simson mit dem Löwen« (Ri. 13–16) und »Jacob im Kampf mit dem Engel« (l. Moses, 32).

An der inneren Südwest-Turmwand hängt das hochbarocke Marmorepitaph des Bildhauers Johann Heinrich Böhme des Jüngeren für das Ehepaar Agnes und Abraham von Schönberg. Attribute wie das Stundenglas mit Gestell aus Beinknochen sollen Tod und Vergänglichkeit zum Ausdruck bringen. Schrifttafeln enthalten die Lebens- und Sterbedaten der Adoranten. Oft ist der Aufstellungsort eines Epitaphes nicht mit dem der Grablege identisch. So findet sich der Grabstein in der Schönbergschen Grabkapelle im Kreuzgangjoch an der Annenkapelle. Sein auf ihm befindlicher Text lautet: »Der Wolgeborne Herr, Herr ABRAHAM von SCHÖNBERG, königl: Majest: in Pohlen und Churfl: Durchl: zu Sachßen Geheimer Rat, OberBerg = und Creys= Haubt= Mann. Ist geboren 11. Martii 1640. in Herren = Diensten gestanden 48. Jahr, gestorben den 4. Novembr 1711. Seines Alters 71 Jahr, 7. Monat, 4. Tage […]«.

Das Adelsgeschlecht derer von Schönberg ist seit dem 13./14. Jahrhundert im markmeißnischen Raum nachweisbar. Angehörige der Familie bekleideten vielfach höchste kirchliche Ämter oder standen an herausgehobener Stelle im Dienste der landesherrlichen Verwaltung. Ihr Sachverstand, besonders in Bezug auf den Bergbau, war gefragt. So ist die Reihe sächsischer Oberberghauptmänner aus dem Hause von Schönberg besonders lang. Einer der bedeutendsten Amtsinhaber war der vorgenannte Abraham von Schönberg. Er wohnte im nördlich der Annenkapelle gelegenen Schönbergschen Hof. Auf Grund der vielen noch im Dombereich vorhandenen von Schönbergschen Grabmale besteht bis heute eine innige Verbundenheit dieser angesehenen Adelsfamilie zu Dom, Domviertel und Freiberg.

Pfarrerbildnisse. Auf der Westempore fand eine kirchengeschichtlich bedeutsame Sammlung von 17 Pfarrer– und Superintendentenbildnissen (Ölgemälde) des 17./18. Jahrhundert eine Aufhängung. Als Darstellungsformen wurden die Ganzfigur oder das Brustbild gewählt. Angaben zur jeweiligen Vita, sowohl in Latein als auch in Deutsch, ergänzen die Bildaussage. »Die Würde

Apostel Philippus am Strebepfeiler
Nordseite Langhaus
(1. Viertel 16. Jhd.)

Nördlicher Innenpfeiler mit »Kluger
Jungfrau«
(1. Viertel 16. Jhd.)

des Amtes, das Selbstbewußtsein eines Gelehrtenstandes finden hier ihre Darstellung« (Heinrich Magirius).

Spätgotische Skulpturen. Auffallend ist im Freiberger Dom der große Bestand an geschnitzten, größtenteils polychromen Holzskulpturen aus vorreformatorischer Zeit (15./16. Jahrhundert), zu sehen an den Pfeilern und Wänden im Langhaus. Einige dieser Figuren, so die des hl. Wolfgangs (Attribut: ein Kirchenmodell) oder die des hl. Christophorus (Attribut: Christuskind auf den Schultern tragend), sind an der Ostwand des Langhauses angebracht und stammen wohl von Altären. Äußerst ausdrucksstark wurden die zwölf Apostel an den Strebepfeilern gestaltet. Sie verkörpern »ein von Ernst und Größe ihrer Sendung beseeltes Kollegium« – manche sehen aus wie »greise Asketen mit bohrendem Blick […]« (Heinrich Magirius). Einige der Apostel sind auf Grund noch teilweise vorhandener Märtyrersymbole namentlich zu benennen, so Andreas – der Bruder des Simon Petrus – mit den Resten des Schrägbalkenkreuzes, ein Hinweis auf seinen Märtyrertod zur Zeit Kaiser Neros (um 60/62). An den östlichen Strebepfeilern erblickt man die Apostelfürsten Petrus und Paulus. Nach christlichem Verständnis gelten die Apostel als die »Säulen der Kirche« (Epheser 2, 20–22). Ein Teil der Schnitzwerke wird der bedeutenden Freiberger Werkstatt des Philipp Koch, genannt der Freiberger Apostelmeister, zugeschrieben.

Die Handschrift Kochs verraten auch Altäre in der näheren und weiteren Umgebung Freibergs. Für das biblische Gleichnis – das Warten der Gemeinde auf den wiederkommenden Christus (Mt 25,1–13) – steht der Zyklus der fünf klugen, mit Kronen geschmückten, und der fünf törichten Jungfrauen. Zu sehen sind sie in Freiberg an den Langhaus-Innenpfeilern, während sie anderenorts an Außenportalen angebracht und deshalb in Stein gearbeitet wurden, wie zum Beispiel am Erfurter Mariendom. Bei den Freiberger Jungfrauen sind die Attribute, geschnitzte Öllampen, größtenteils verloren gegangen. Nur bei zwei Törichten sind sie erhalten, mit nach unten gerichteter Öffnung – ein Hinweis, dass ihre Lampen wegen des fehlenden Öls dunkel blieben. So sahen sie das Ziel in der Dunkelheit nicht – Christus.

In einer Nische unter der Südempore ist das Knappschaftsgestühl aufgestellt. Als besonderer bergmännischer Schmuck ziehen drei farbig gefasste, hölzerne Kleinskulpturen die Blicke auf sich – ein Bergmann mit Bart (um 1520) und zwei etwas »orientalisch« gekleidete Männer als Wappenschildhalter. Darauf sind das Signum »FK« (Freiberger Knappschaft ?), die Jahreszahl 1546 sowie

Schlägel und Eisen zu sehen. Vielleicht gehörten die Figuren zu einem Bergaltar.

Besondere Beachtung verdient ein Andachts- und Schnitzbildwerk – ein farbig gefasstes Vesperbild, auch Pietà genannt – aus der Zeit um 1430. Es kann im südlichen Seitenschiff unter der Empore betrachtet werden. In ergreifender Form wird das Thema der trauernden Gottesmutter mit dem Leichnam Christi auf ihrem Schoß nach der Kreuzabnahme gezeigt. Der Christuskopf, mit echten Rosshaaren bedeckt, ist wohl das Ergebnis einer nachträglichen Veränderung um 1480.

Altarretabel. Während zum Beispiel die Annenkirche in Annaberg-Buchholz noch wertvolle vorreformatorische Schnitzaltäre besitzt, sind diese aus dem Freiberger Dom nach Einführung der Reformation entfernt worden – nicht in einer Art Bildersturm, sondern nach und nach mit Ausnahme einzelner skulpturaler Kunstwerke (unter anderem die Pietà und Altarfiguren). Nach reformatorischem Verständnis hatten die Nebenaltäre ihre Daseinsberechtigung verloren.

Für die Feier der zwei lutherischen Sakramente, Taufe und Abendmahl, sind zwei Ausstattungsstücke unverzichtbar: Taufstein und Altar. Das Freiberger Altarblatt (1560) ist nach den Angaben in der Predella eine Stiftung des Annaberger Münzmeisters Matthäus Rothe (†1578 im Alter von 78 Jahren, beigesetzt im Dom). Farben und Komposition weisen eine Ähnlichkeit mit der Schule Lucas Cranachs des Jüngeren auf. Die bildliche Darstellung zeigt das letzte Abendmahl Christi mit seinen Jüngern gemäß der Bibelstelle Lk 22,15: »Ich habe mich sehr danach gesehnt, vor meinem Leiden dieses Paschamahl mit euch zu essen.« Im Sinne der mittelalterlichen Bedeutungsperspektive ist Christus gegenüber den Jüngern vergrößert dargestellt. Links vom Christusbild erkennt der Betrachter ein bekanntes Passionsmotiv – Christus im Gebet am Ölberg. Die untere Bildhälfte zeigt die Austeilung des Abendmahles nach lutherischer Vorgabe in beiderlei Gestalt, nämlich Brot und Wein, an die Gläubigen durch zwei evangelische Pfarrer.

Ein unbekannter Schnitzer schuf im Auftrag der zwei Enkel des Altarblattstifters – die auf kleinen Ölbild-Medaillons dargestellt sind – die teils vergoldete, barocke Umrahmung mit gewundenen Säulen, gesprengtem Giebel (darauf als Liegefiguren Moses und Johannes der Täufer) und einem bekrönenden Kruzifix. David Winkler schließlich, ein Freiberger Goldschmied, fertigte um 1620 das aus Silber gearbeitete, schöne Tischkruzifix.

Taufstein. Der kelchförmige Renaissance-Taufstein aus Sandstein hat südlich des Altares seine Aufstellung gefunden. Er ist eine Stiftung des Herzogspaares Heinrich des Frommen und Katharina von Mecklenburg. Die zinnerne Taufschale datiert in das Jahr 1531 und markiert damit wohl den Zeitpunkt der Stiftung. Am Fuße schreiten zwischen bandartigen Volutenteilen betende Kinder in Taufkitteln. An der Oberseite des hängenden hölzernen Schalldeckels hält eines der dargestellten Kinder ein geviertes Wappen, darin das mecklenburgische Wappentier – ein Stierkopf. Darüber ist an der metallenen Aufhängung ein Kruzifix mit dem Titulus JNRJ (Jesus Nazarenus Rex Judaeorum, Mt 27,37) und einer Gloriole mit dem Zeichen der Dreifaltigkeit befestigt. An der Unterseite des Deckels ist die Umschrift »Wer da glaubt und getauft wird, der wird selig werden. Marcus 16.16.« zu lesen.

Tulpenkanzel (1505). Nach dem Abschluss des Wiederaufbaus der Domkirche 1501 galt als besonders dringlich der Bau der Orgel und der Kanzel. Den Auftrag zum Errichten der Orgel erhielt Burghardt Dinstlinger aus Breslau, der bis etwa 1502 seine Arbeit vollendete.

Schon zu diesem Zeitpunkt muss der in Chemnitz ansässige Bildhauer H.W. – mehr als das Kürzel seines Namens ist nicht sicher überliefert – den Auftrag

Tulpenkanzel des Meister H.W.
von 1505; Postkarte, 1946
(Brück & Sohn)

für den Kanzelbau erhalten haben. Der konkre-
te Aufstellungsort im Langhaus war bereits um
1501 reserviert worden. Um 1504/05 konnten
endlich die in seiner Werkstatt vorgefertigten
Kanzelteile nach Freiberg in den Dom trans-
portiert und zusammengefügt werden. Ihr nördlich gegenüber befand sich die Herrschaftslo-
ge.

Seit rund 500 Jahren steht nun im Domlanghaus zwischen dem zweiten und dritten
Freipfeiler der südlichen Langhausreihe in situ
eines der am meisten bestaunten und bewun-
derten spätgotischen Sakralkunstwerke der
deutschen Kunstlandschaft – die architekturun-
gebundene, steinsichtige Tulpenkanzel aus Hil-
bersdorfer Porphyrtuff des Meisters H.W. Der
Name Tulpenkanzel taucht erstmalig 1831 in
einem Bericht des Dresdner Kunstfreundes,
Mäzens und Begründers des Sächsischen Kunst-
vereins Johann Gottlob von Quandt (1787–
1859) auf, wo es heißt: »Diese Kanzel stellt ei-
ne colossale Tulipane vor; der Kelch der Blume ist die eigentliche Kanzel.« In
den MITTEILUNGEN DES FREIBERGER ALTHERTUMSVEREINS (1869) wird im
Rahmen einer Kanzelrestaurierung von der »sogenannten Tulpenkanzel« geschrieben. Ältere Bezeichnungen wie »Hohe Cantzel« oder »Hoher Predigt-
stuhl« sind ebenfalls überliefert. Interessant ist eine Würdigung des Kunsthis-
torikers Michael Stuhr: »Die besondere Neigung des Meisters H.W. zur
freiplastischen Gestaltung findet in der Tulpenkanzel […] ihren vollkommens-
ten und schönsten Ausdruck. Kanzelsäule, -korb und -stiege als ein völlig bau-
ungebundenes, frei […] aufstrebendes, steingewordenes Phantasiegewächs hat
weder im Obersächsischen noch anderswo Vergleichbares.« Die Freiberger
Kanzel sei »[…] eine der herrlichsten, ja faszinierendsten Schöpfungen bild-
hauerischer Erfindungskunst der deutschen Spätgotik«.

Vegetabilische Formen sind typisch für den Meister H.W. So auch bei der Tulpenkanzel. Vergleichbar einer Pflanze wächst aus steinigem Boden ein kräftiger Mittelstamm heraus, der von Blattstielen umgeben ist, die mittels Stricken zweimal an den Stamm gebunden sind. Dazwischen tummeln sich vier Engel. Auf einem Kranz von Weintrauben ruht der Kanzelkorb, der geschmückt ist mit den Büsten der vier lateinischen Kirchenlehrer: des Papstes Gregor des Großen, der Bischöfe Augustinus und Ambrosius sowie des Kardinals Hieronymus. Weintrauben weisen auf Christus, das Abendmahl und die Passion hin (Joh 15,5: »Ich bin der Weinstock und ihr seid die Reben. Wer in mir lebt, so wie ich in ihm, der bringt reiche Frucht. Denn ohne mich könnt ihr nichts vollbringen«). Die Umrisslinie der Tulpe erinnert an einen Abendmahlskelch. Darüber hängt vom Deckengewölbe herab ein hölzerner, glockenförmiger Baldachin (Schalldeckel), der unterseitig mit einer sechsblättrigen, geöffneten Rose und der lateinischen Umschrift »Ite in orbem predicate evangelium omni creature« (Mark. 16,15), also dem Missionsauftrag der Kirche, allen das Evangelium zu predigen, verziert ist. Oberseitig erblickt man, von goldenen Strahlen umhüllt, Maria mit dem Jesuskind, welches eine Weinbeere zu sich führt. Darunter wurden die Symbole der vier Evangelisten angebracht: der Mensch (Matthäus), der Löwe (Markus), der Stier (Lukas) und der Adler (Johannes). Sie sind »die Zeugen des Wirkens Jesu und seine Verkünder zugleich« (Wilhelm Schlemmer). Auf den Schultern eines in einer Astgabel sitzenden Mannes sowie auf weiteren »abgestorbenen Baumteilen« ruht der schwierig begehbare Treppenaufgang – eine Wendeltreppe, die in eine steil verlaufende Stiege übergeht. Am Fuße der Kanzel sitzt andächtig, in vornehme Kleidung gehüllt, eine weitere männliche Person. Die Figuren werden in neuerer Zeit (Heinrich Magirius) als der Meister H.W. und der Stifter gedeutet. Sie könnten sowohl die vita activa als auch die vita contemplativa symbolisieren. Kleinplastiken, zum Beispiel Hunde und Löwen, vervollständigen das Kunstwerk und finden stets das besondere Interesse der kleinen Dombesucher.

Während die Heimatforscher in der inhaltlichen Deutung der Kanzel häufig bergmännisches Gedankengut, so die alte Fabel vom Ursprung des Silberbergbaus, in den Vordergrund stellen, betonen Theologen mehr eine ecclesiologisch-christologische wie auch mariologische Sichtweise. Fakt ist, dass bis heute nicht alle Fragen zur Ikonographie schlüssig beantwortet werden konnten. Die Tulpenkanzel bleibt als ein unikates Kunstwerk von hohem Interesse für die Kunsthistoriker; aber zugleich ist sie in erster Linie ein Ort der Verkündigung der christlichen Botschaft.

Tulpenkanzel; Luftschutz-
maßnahmen (um 1943)
durch Einmauerung der
Kanzel (Fotothek Stadt- u.
Bergbaumuseum Freiberg)

Seit 1827/29 gab es ernsthafte Überlegungen, »die steinerne hohe Kanzel als ein jetzt
unnützes Möbel […] zu ver-
setzen« (Eduard Heuchler) –
ein Hinweis auf ihren damals
katastrophalen Zustand. Durch
äußerst komplizierte Restau-
rierungs- und Konservie-
rungsarbeiten 1992/94 gelang
es den Experten, das einmalige Kunstwerk vor dem end-
gültigen Zerfall zu bewahren.
Seit 1994 ist es nur noch zu hohen kirchlichen Feiertagen in Benutzung,
während von der Bergmannskanzel die Sonntagspredigt gehalten wird.

Weitere Kunstwerke des Meisters H.W. sind unter anderem in der Annenkirche in Annaberg-Buchholz (»Schöne Tür«, datiert und signiert »ANNO DO-
MINI 1512 H W«, Stein), in der Chemnitzer Schlosskirche (»Geißelsäule«,
um 1515, Lindenholz) und in der Bornaer St. Marienkirche (»Hochaltar«, datiert und signiert »ANNO […] 1511 HW Z«) zu bewundern. Die Vita des Meisters H.W. der wohl aus Niedersachsen stammte und etwa zwischen 1500 und
1525 in Chemnitz eine Werkstatt unterhielt, konnte bis heute jedoch nicht restlos geklärt werden.

Bergmannskanzel. In unmittelbarer Nähe der Tulpenkanzel windet sich um den
dritten Freipfeiler der Süd-Reihe der Aufgang der im Renaissancestil gehalte-
nen Bergmannskanzel, die nach den sie tragenden Bergleuten benannt ist. Ver-
mutet wird, dass sie der Bildhauer Hans Fritzsche schuf und damit eine schlichte
Werktagskanzel ersetzte. Zwei Inschrifttafeln unterhalb des kniend dargestellten Stifterpaares Schönlebe verweisen auf den Stiftungsgrund:

»Gott zu Ehren hatt aus Christlicher Andacht der Churf. S: Zehendner und Burgermeister alhier Jonaß Schönleben diese Cantzel zum Gedechnis machen lassen Ao: 1638 […]«.

Andächtig blicken die vollplastisch gestalteten Adoranten zum gekreuzigten Christus auf. Im Hintergrund zeigen Reliefbilder die Hinrichtungsstätte auf Golgota (Mk 15,22). Beachtung verdienen die Reliefs an der Aufgangswange mit Passionsmotiven, so das Gebet Christi im Garten Gethsemane am Fuß des Ölbergs – ein Ort der Todesangst und der Gefangenschaft Jesu (Mt 26,36ff.). Auf dem Schalldeckel ist die Auferstehung Jesu dargestellt. Ein Bergmann hat die Rolle eines Grabwächters übernommen. Als Epitaph hält die Bergmannskanzel bis heute die Erinnerung an das altehrwürdige Geschlecht derer von Schönlebe wach. Der Stifter starb 1658 im Alter von 75 Jahren.

Der Aufmerksamkeit stets gewiss ist eine am Kanzelpfeiler angebrachte, vierteilige Sanduhr, sie erinnert sowohl an das »tempus fugit« (Die Zeit eilt) als auch an das »carpe diem« (Nutze den Tag).

Fürstenlogen. Von schlichter barocker Schönheit sind die zur Zeit Augusts des Starken (1670–1733) unterhalb zweier Emporenbögen an der Nordseite eingebauten zwei Fürstenlogen (um 1728). Ihr Entwurf stammt von dem Dresdner Zwingerbaumeister Matthäus Daniel Pöppelmann. Die Mittelfelder hat man durch herabhängende, geschnitzte Draperien geschmückt, worauf das kursächsisch-polnische Wappen, das Monogramm FAR (= Fridericus Augustus Rex) sowie die polnische Königskrone zu sehen sind – ein Hinweis

Bergmannskanzel (1638), Westseite

59

auf die Anno 1697 vollzogene Krönung des sächsischen Kurfürsten Friedrich August I. zum polnischen König August II.

Silbermann-Orgeln. In einem Brief vom 17. Oktober 1777 an seinen Vater schrieb Wolfgang Amadeus Mozart: »[...] die Orgel ist doch in meinen augen

Entwurf zum Prospekt der Silbermann-Orgel; Kupferstich von Elias Lindner, 1714 (Fotothek Stadt- u. Bergbaumuseum Freiberg)

Im Chor des Freiberger Domes wurden von 1541 bis 1698 achtunddreißig Angehörige des sächsisch-albertinischen Fürstenhauses beigesetzt (*=Todesjahr; Fettdruck = Landesherr):

1. **1541*** **Herzog Heinrich der Fromme, Sohn des Herzogs Albrecht**
2. 1546 Albrecht, Sohn des Kurfürsten Moritz
3. 1550 Johann Heinrich, Sohn des Kurfürsten August
4. 1553 Leonore, Tochter des Kurfürsten August
5. **1553** **Kurfürst Moritz, Sohn des Herzogs Heinrich**
8. 1557 Joachim, Sohn des Kurfürsten August
7. 1558 Hector, Sohn des Kurfürsten August
8. 1558 Magnus, Sohn des Kurfürsten August
9. 1561 Herzogin Katharina, Gemahlin des Herzogs Heinrich
10. 1565 Amalie, Tochter des Kurfürsten August
11. 1566 Maria, Tochter des Kurfürsten August
12. 1566 Alexander, Sohn des Kurfürsten August
13. 1570 August, Sohn des Kurfürsten August
14. 1572 Adolf, Sohn des Kurfürsten August
15. 1575 Sidonia, Tochter des Herzogs Heinrich
16. 1576 Friedrich, Sohn des Kurfürsten August
17. 1585 Kurfürstin Anna, Gemahlin des Kurfürsten August
18. **1586** **Kurfürst August, Sohn des Herzogs Heinrich**
19. 1586 Anna Sabina, Tochter des Kurfürsten Christian I.
20. 1588 Elisabeth, Tochter des Kurfürsten Christian I.
21. **1591** **Kurfürst Christian I., Sohn des Kurfürsten August**
22. 1606 Kurfürstin Sybilla Elisabeth, 1. Gemahlin des Kurfürsten Johann Georg I.
23. 1608 Totgeborener Sohn des Kurfürsten Johann Georg I.
24. **1611** **Kurfürst Christian II., Sohn des Kurfürsten Christian I.**
25. 1612 Christian Albrecht, Sohn des Kurfürsten Johann Georg I.
26. 1615 August, Sohn des Kurfürsten Christian I.
27. 1617 Dorothea, Äbtissin von Quedlinburg, Tochter des Kurfürsten Christian I.
28. 1622 Kurfürstin Sophia, Gemahlin der Kurfürsten Christian I.
29. 1622 Heinrich, Sohn des Kurfürsten Johann Georg I.

30.	1641	Kurfürstin Hedwig, Gemahlin des Kurfürsten Christian II.
31.	1643	Sybilla Maria, Tochter das Kurfürsten Johann Georg I.
32.	**1656**	**Kurfürst Johann Georg I., Sohn des Kurfürsten Christian I.**
33.	1657	Kurfürstin Magdalena Sybilla, 2. Gemahlin des Kurfürsten Johann Georg I.
34.	**1680**	**Kurfürst Johann Georg II.**
35.	1687	Kurfürstin Magdalena Sybilla, Gemahlin des Kurfürsten Johann Georg II.
36.	**1691**	**Kurfürst Johann Georg III.**
37.	**1694**	**Kurfürst Johann Georg IV.**
38.	1698	Kurfürstin Eleonora Erdmuthe Louise, Gemahlin des Kurfürsten Johann Georg IV.

Zusätzlich gelangten durch Umsetzung Särge nach Freiberg in die kurfürstliche Begräbniskapelle, so aus dem Schloss Lichtenburg, Prettin/Elbe: Von hier wurden 1811 die marmornen Särge der Kurfürstinnen Anna Sophia (†1717) und ihrer Schwester Wilhelmine Ernestine von der Pfalz (†1706) – es waren die Mutter und die Tante Augusts des Starken – nach Freiberg überführt, in eine klassizistisch umgestaltete Grabanlage in der südlichen Kapelle des Vorchores. Die zwei marmornen Skulpturen beiderseits der Grufteingangstür sind vorzügliche Werke des kursächsischen Barockbildhauers Balthasar Permoser (†1732). Sie stellen die Allegorien der Caritas und der Abundantia (signiert 1703/04) dar. Vom Künstler stammt auch der übrige plastische Schmuck.

Aus der kriegszerstörten Sophienkirche, dem ältesten Gotteshaus Dresdens, das später auf Anordnung Walter Ulbrichts (1893–1973) niedergerissen wurde, gelangten bereits 1950 sieben Zinnsärge in die Gruft unter der Südkapelle des Freiberger Doms:

(1) Sophie Hedwig von Holstein-Glücksburg (†1652), Gemahlin von Moritz von Sachsen-Zeitz (†1681)

(2) Johann Philipp von Sachsen-Zeitz (1651–1652); Sohn von 1)

(3) Moritz von Sachsen-Zeitz (1652–1653); Sohn von 1)

(4) Eleonore Magdalena von Sachsen-Zeitz (1658–1661)

(5) Johann Wilhelm von Sachsen-Altenburg (1600–1632)

(6) Herzogin Sophie von Sachsen (1587–1635), Schwester von Kurfürst Johann Georg I.

(7) Sophia Agnes von Radzivil (†1636)

Die »entführten« Prinzenbrüder Johann
Philipp und Moritz, Bronze

»Rückkehr« zweier Prinzen-Kinder. Wegen
der Vernichtungsgefahr infolge des Kriegs-
geschehens wurden 1943 vom Epitaph der
Herzogin Sophie Hedwig (1) vier Bronzen
aus der Sophienkirche in ein Dresdner De-
pot (zuletzt im Keller der Kreuzkirche) aus-
gelagert. Im Inventar von 1964 fehlten jedoch die Figuren, die Johann Philipp (2)
und Moritz (3) darstellten. Sie galten seitdem als »verschollen«. Mittlerweile ist be-
kannt, dass beide »Prinzen-Kinder« in den
frühen fünfziger Jahren in die Glockengießerei Erding bei München gelangten.
Danach kam die des Moritz in eine Privat-
sammlung und aufgrund einer Erbschaft in
das Diözesanmuseum Freising. In enger
Zusammenarbeit zwischen den zuständigen Verantwortlichen in Freising und
Dresden konnte die Moritzfigur 1999 im Freiberger Domchor aufgestellt werden, wo sich schon längere Zeit die Bronze der Mutter befand. Inzwischen ist
auch die Skulptur des Johann Philipp nach Freiberg gelangt. Herzog Moritz
(1619–1681), der Vater der beiden Kinder und Begründer der Linie Sachsen-
Zeitz (1657), ist in der Zeitzer Domkrypta begraben.

Kurfürst Moritz von Sachsen. Heinrichs Nachfolger wurde sein erst zwanzig-
jähriger Sohn Moritz. Als Lutheraner kämpfte er wiederholt im kaiserlichen
Heer gegen die Feinde des Reiches – die Türken (1542) und den französischen
König Franz I. (1543). Als 1547 der katholische Kaiser Karl V. (1500–1558)
gegen den 1531 gegründeten »Schmalkaldischen Bund« – ein Schutzbündnis
protestantischer Reichsfürsten und Städte gegen den Kaiser – die Reichsacht
ausführte, verhalf ihm in der Schlacht bei Mühlberg/Elbe Moritz zum Sieg.
    Innerwettinische Gegensätze sowie machtpolitische Eigeninteressen sind als
mögliche Gründe für das wohlwollende Verhalten von Moritz gegenüber dem
Kaiser anzusehen. Nach der »Wittenberger Kapitulation« schloss sich für die
Häupter des Schmalkaldischen Bundes – den ernestinischen Kurfürsten Johann

Auszug aus dem Stammbaum des sächsischen Fürstenhauses Wettin
(Stammburg: Wettin bei Halle/Saale)

(1)	Heinrich I., Graf v. Eilenburg	(1070-1103)
(2)	Otto der Reiche	(1115-1190)
(3)	Friedrich der Streitbare	(1370-1428)
(4)	Friedrich der Sanftmütige	(1412-1464)

(5)	Ernst (1441-1486)	(6)	Albrecht der Beherzte	(1443-1500)
(7)	Georg der Bärtige (1471-1539)	(8)	**Heinrich der Fromme**	**(1473-1541)**
(9)	**Moritz von Sachsen (1521-1553)**	(10)	**August von Sachsen**	**(1526-1586)**
		(11)	**Christian I.**	**(1560-1591)**
(12)	**Christian II. (1583-1611)**	(13)	**Johann Georg I.**	**(1585-1656)**
		(14)	**Johann Georg II.**	**(1613-1680)**
		(15)	**Johann Georg III.**	**(1647-1691)**
(16)	**Johann Georg IV. (1668-1694)**	(17)	August der Starke	(1670-1733)
		(18)	König Friedrich August I.	(1750-1827)
		(19)	König Friedrich August III.	(1865-1932)

Legende: ┊ Auslassung von Regenten im Stammbaum
Fettdruck: Grablege im Dom St. Marien Freiberg (1541-1694)

(5)   Stammvater der ernestinischen Linie
(6)   Stammvater der albertinischen Linie
(8)   Führt 1539 im albertinischen Herzogtum Sachsen die Reformation ein
(17) Wird 1697 katholisch und König von Polen; nach ihm erfolgte die Grab-
      lege in der Gruft der katholischen Hofkirche in Dresden

Feldharnisch des Kurfürsten
Moritz von Sachsen
(1521–1553), nach 1882/84

Friedrich den Großmütigen
(1503–1554), einen Vetter von
Moritz, und Landgraf Philipp
von Hessen (1504–1567), den
Schwiegervater von Moritz –
eine mehrjährige, kaiserliche
Gefangenschaft an. Auf dem
Reichstag zu Augsburg wurde
Herzog Moritz von Sachsen
1548 anstelle der Ernestiner mit
der sächsischen Kurwürde und
dem Reichserzmarschallamt
belehnt. Zugunsten der Albertiner kam es darüber hinaus zu
einer territorialen Neuord-
nung. Erst der Fürstenaufstand
(Fürstenrebellion 1552) gegen den Kaiser zur Sicherung der »fürstlichen Li-
bertät« unter dem Befehl des Kurfürsten Moritz von Sachsen und mit Unterstützung sogar des französischen Königs Heinrich II. gab den eingesperrten
Verwandten die Freiheit zurück. Karl V. konnte sich nur durch »Flucht« einer Gefangenschaft entziehen. Moritz wandelte sich vom »Judas von Meißen«
zum »Retter des Protestantismus«, auch eine Folge des Passauer Vertrages
von 1552, der den Protestanten einige konfessionelle Rechte bis zum nächs-
ten Reichstag einräumte.

 Trotz seines Sieges über den Friedensstörer Markgrafen Albrecht Alkibia-
des von Brandenburg-Kulmbach (1522–1557), der Beschlüsse des Passauer Vertrages ablehnte, wurde Kurfürst Moritz im Juli 1553 in der Schlacht bei Sievers-
hausen/Niedersachsen durch eine Kugel tödlich verletzt. Sein Feldharnisch mit
dem Einschussloch ist erhalten geblieben. Im Vorchor des Freiberger Domes
setzte man ihn als zweiten lutherischen Landesherrn der Albertiner bei. 1555
erfolgte mit dem »Augsburger Religionsfrieden« – besonders unter Mitwirkung
Ferdinands I. – die reichsrechtliche Anerkennung der evangelischen Konfes-

sion neben der katholischen gemäß dem Grundsatz »cuius regio – eius reli-
gio« (wessen Land, dessen Religion). Karl V. starb 1558 im Kloster San Jeró-
nimo de Yuste, nachdem er bereits 1556 zugunsten seines Bruders Ferdinand I.
auf die Kaiserwürde verzichtet hatte.

Moritz-Monument. Kurfürst August, Bruder und Nachfolger von Moritz, be-
fasste sich etwa ab 1555 mit dem Gedanken, neben dem gleichnamigen Mo-
ritzmonument am Dresdner Festungswerk (um 1555), welches die Übergabe
des Kurschwertes an seinen Bruder darstellt, zusätzlich ein weiteres über der
Grabstelle im Freiberger Dom zu errichten. Dieses und die später folgende
Umwandlung des Hauptchores zur kurfürstlichen Grablege erforderten um-
fangreiche bauliche Eingriffe – so die Beseitigung der trennenden Wand zwischen Vorchor und ehemaliger Sakristei.

Nach einem Entwurf der Brüder Benedikt und Gabriel Thola aus Brescia
fertigte der Hoftischler Georg Fleischer ein Holzmodell des Monuments. Danach goss der Lübecker Goldschmied Haus Wessel die Messing-Greife. Der
Antwerpener Bildhauer Antonius van Zerroen schuf die weiteren Einzelteile
in verschiedenfarbigem, belgischem Marmor, sodass 1563 die Aufstellung des
Kenotaphs über dem Moritzgrab erfolgen konnte.

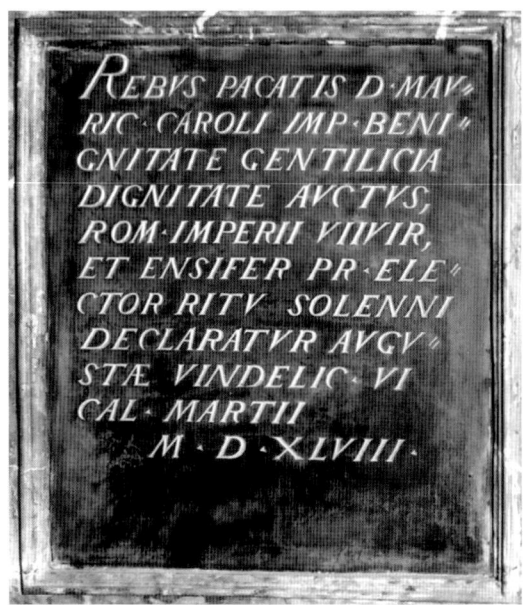

Einer »Burg« gleich türmt
sich seither im Vorchor des
Doms über einem dreistu-
figen Sockel das zweige-
schossige Grabmal auf,
eines der frühesten Renais-
sance-Freigräber Sachsens.
In »luftiger« Höhe tragen
zehn metallene Greifen eine Marmorplatte mit dem
vor dem gekreuzigten Christus im Gestus der ewigen

**Marmorne Inschrifttafel
am Moritz-Monument
(1563) über die Belehnung
mit der Kurwürde**

Moritz-Monument; Kupferstich von Wolf Meyer in Freiberg, 1569

Anbetung knienden und mit geschultertem Kurschwert versehenen Kurfürsten. Zwanzig Inschrifttafeln berichten in humanistischem Latein über seine Vita, so auch Tafel 1: »Moritz, Herzog zu Sachsen […] ward in dieser löblichen berühmten Bergstadt am 21. März geboren von Frau Catharina, Prinzessin zu Mecklenburg […] MDXXI«. Erst sollte Philipp Melanchthon die Texte ver-

71

fassen, er starb jedoch zuvor 1560. Das Grabmal, dessen Stil niederländische, italienische, französische und deutsche Einflüsse zeigt, ist unter anderem mit kostbaren Kleinskulpturen wie wappenhaltenden, antikisch gekleideten Kriegern, weiteren allegorischen Figuren, einem Bukranion-Fries, reichem emblematischen Schmuck, Voluten und gedoppelten Säulen verziert. »Das Monument ist vor allem ein politisches Denkmal. Es demonstriert, daß die Kurwürde zu Recht dem Albertiner gegeben ist« (Heinrich Magirius).

Umgestaltung Hauptchor. Der Wunsch des Fürstenhauses, die »kur- und fürstliche Capelle in der Domkirche zu Freiberg dem hochlöblichen Hause Sachsen zu sonderlicher Ehre, Ruhm und ewigem Gedächtnis auf Grund der rechten Architektur anzuordnen, ins Werk zu richten und aus dem neu erfundenen Marmorstein aufs zierlichste zu erbauen«, fand bis 1594 unter der Leitung des kursächsischen Hofbildhauers Johann Maria Nosseni (1544–1620) im Stile des italienischen Manierismus seine glanzvolle Erfüllung. Ihm zur Seite stand als Bauleiter der Maurermeister Hans Irmisch (1526–1597). Im Hauptchor »montierte« Nosseni plastische Figuren zum Thema des wiederkommenden Christus auf eine stuckgetränkte, bemalte Leinwand, die unterhalb des gotischen Rippengewölbes als »Ersatz für einen Himmel« gespannt wurde. Sowohl die gotischen Gewölberippen als auch die farbige Blumenmalerei mussten, obwohl für den Betrachter nicht mehr sichtbar, erhalten bleiben.

Festlich wirkt die zweigeschossige Wand-Epitapharchitektur mit ihrer Fülle herrlicher Bildwerke. Im oberen Geschossbereich sind die Propheten des Alten Testamentes aus »verkupfertem Stuck« zu sehen, während im unteren kniende Landesfürstinnen und -fürsten andächtig in Richtung Tischaltar im Chorpolygon schauen. Die qualitätvollen Gusswerke schuf der Florentiner Erzgießer Carlo di Cesare, eine der Venezianer Pietro Boselli. Auf marmornen Inschrifttafeln mit lateinischen Texten wird auf biblische Zitate sowie die Viten der dargestellten fürstlichen Personen Bezug genommen. Zum festlichen Gesamteindruck tragen 29 Messing-Grabplatten aus der Freiberger Hilligergießerei bei, die von sächsischen Künstlern prachtvoll mit den fürstlichen Konterfeis, umrahmt von reicher Renaissancearchitektur, ziseliert wurden.

In der nördlichen Seitenkapelle stehen teils prunkvolle Zinnsärge, die sich bis etwa 1920 in einer Gruft unter der Südkapelle befanden. Wegen drohender Zinnpest erfolgte ihre Umsetzung.

Mit der Beisetzung des Kurfürsten Johann Georg IV. endete 1694 die Grablege im Freiberger Dom. Ein außen am Chor umlaufendes lateinisches Spruch-

Blick nach Osten in die kurfürstliche Begräbniskapelle;
Postkarte, 1910 (Hugo Engler)

band bringt die Heilserwartung der beigesetzten neun Herrscher zum Ausdruck: »IN HONOREM ILLVSTRISS. ELECT. […] ANNO CHRISTI M.D.XCIIII.« (Zu Ehren der erlauchten und fromm gestorbenen Kurfürsten von Sachsen wird dieses Heiligtum, in dem sie die glorreiche Auferstehung ihres Fleisches erwarten, von der erlauchten Nachkommenschaft mit herrlichen Gedenktafeln ausgeschmückt im Jahre Christi 1594).

An der nördlichen Choraußenwand sind zwei Bauinschriften sichtbar:

H I B Wer Gott vertraut hat wol gebaut [nach Psalm 127,1]

DEO OPT. MAX. GLORIA J.M.N.L.I. ARCHITECTVS

Die Abkürzungen stehen für Hans Irmisch Baumeister und Johann Maria Nosseni Lugano Italien. Nach Georg Dehio (†1932) ist »die Fürstengruft vor allem dank des Wirkens Giovanni Maria Nossenis aus Lugano und des Florentiners Carlo de Cesares in Deutschland einmalig; sie repräsentiert Florentiner Kunst in der Tradition Giambolognas, verbunden mit niederländischen und deutschen Zügen zu einem singulären Kunstwerk.«

Renaissance-Musikinstrumente. Zur künstlerischen Ausstattung des Chors gehört eine 34-köpfige Engelskapelle mit 30 Musikinstrumenten, die sich in

zwölf Metern Höhe auf dem stark verkröpften Hauptgesims befindet. Schon vor Jahrzehnten weckte sie die besondere Aufmerksamkeit von Experten – zu nennen sind Herbert Heyde und Peter Liersch. Bei ihren Untersuchungen hatten diese jedoch mit den ungünstigen Bedingungen zu kämpfen, befanden sich die Kunstwerke doch an einem nur schwer zugänglichen Standort. Auch die politischen Verhältnisse sowie der damalige Stand der Analyse- und Messtechnik beeinträchtigten die Untersuchungen. Erst in den Jahren 2002

Kurfürstliche Begräbniskapelle, Engel auf dem Hauptsims mit Musikinstrument; Foto, 1943 (Reymann)

bis 2004 ergab sich die einmalige Chance, im Rahmen eines interdisziplinären Forschungsprogrammes an der Universität Leipzig (Eszter Fontana / Veit Heller) die Instrumente abzunehmen und zu begutachten. Durch den Einsatz modernster Diagnostik- und Analyseverfahren (u.a. Computertomographie) konnte zweifelsfrei nachgewiesen und dokumentiert werden, dass 21 von ihnen (vor allem die Streich- und Zupfinstrumente) tatsächlich einst spielbare Originalinstrumente sind. Die restlichen neun sind äußerlich maßgeschneiderte Attrappen. Nach derzeitigem Erkenntnisstand ist ein solches Ensemble in Europa einmalig. Es setzt sich wie folgt zusammen (A=Attrappe): 1 kleine Geige, 1 Diskantgeige, 1 Tenorgeige, 2 Bassgeigen, 4 Cistern, 4 Lauten, 3 Harfen, 2 Posaunen (A), 3 krumme Zinken (A), 2 gerade Zinken, 3 Schalmeien, 2 Schellentrommeln (A) und 2 Triangeln (A).

Die Fertigung der über 400 Jahre alten Instrumente (einige sind signiert) erfolgte bis 1594 unweit von Freiberg in der Region Randeck/Helbigsdorf durch Mitglieder der Familie Klemm. Auf Grund der gewonnenen Datenlage wurde die Voraussetzung für spielbare Nachbauten geschaffen. Das erste öffentliche Konzert auf diesen fand 2004 im überfüllten Freiberger Dom statt.

Goldene Pforte. Die Bezeichnung »Goldene Pforte« geht auf die einst reiche Polychromie des spätromanischen Portals zurück. Bemerkenswert ist in diesem Zusammenhang, dass sich im Urkundenbuch der Stadt Freiberg erstmalig im Jahre 1524 der Name »gulden Thure« findet. Während der Domrestaurierung zwischen 1958 und 1965 war das Portal sowohl bezüglich seiner ursprünglichen Lage als auch seiner Fassung Gegenstand umfassender kunsthistorischer Untersuchungen durch das Institut für Denkmalpflege Dresden. So erbrachten archäologische Grabungen den Beweis, dass die Goldene Pforte tatsächlich einst an der Westseite der Basilika eingefügt war. Des Weiteren wurde durch stereomikroskopische Analysen die frühere Farbfassung in großem Umfang zweifelsfrei ermittelt. Aus den Befunden konnte ein topographischer Farbkatalog zusammengestellt werden (Hütter/Magirius). Vorherrschend waren Gold und Rot, aber auch Grün und Blau kamen vereinzelt vor.

Unstrittig zählt die Goldene Pforte, um 1225/30 aus Grillenburger Sandstein gefertigt, zu den herausragendsten architekturgebundenen Sakralkunstwerken der spätromanischen Bildhauerkunst in Deutschland. »Handelt es sich doch um ein Werk der dekorativen Architektur, das in Deutschland an Pracht selten, an innerem Adel niemals mehr überboten ist. Die Goldene Pforte ist der absolute Höhepunkt […] in der an Schönheitswerten schon so reichen Ent-

Dom, Goldene Pforte mit dem vorgelagerten, 1862 abgebrochenen Kreuz-
gangflügel; Lithographie, 1834

wicklung des romanischen Portals« (Georg Dehio, 1923). In Freiberg erfuhr
die Entwicklung vom reinen Säulengewände- zum Figurenportal »ihre höchste Ausprägung« (Hans-Joachim Mrusek). Mit seinem ungewöhnlich reichen
skulpturalen Schmuck sowohl an den Gewänden als auch in den Archivolten
gehört die Pforte zu den frühesten dieser Art überhaupt in Deutschland. Die
Kenntnis französischer Vorbilder, so etwa in Laon oder Chartres, wie auch Ver-
bindungen zur Goslar-Halberstädter Kunstlandschaft kann vorausgesetzt werden.

Im Zuge des Wiederaufbaus St. Mariens nach der Brandkatastrophe 1484
wurde das erhalten gebliebene Portal um 1490 abgetragen und an der Stirn-
wand des einstigen südlichen Querhausarmes eingefügt. Mit der Anlage des
spätgotischen Kreuzganges um 1514 umschloss ein kapellenartiger Vorbau die
Pforte und bot somit für Jahrhunderte, bis 1861/62, einen guten Schutz. 1903
erhielt das Portal einen Schutzbau im Jugendstil nach Plänen der Dresdner

Architekten Julius Gräbner und Rudolf Schilling, nachdem es mit dem Abbruch des östlichen Kreuzgangflügels vielfältigen Gefahren durch Umwelt, Witterung und Vandalismus ausgesetzt gewesen war.: »Leider nahm die […] aus dem Boden aufsteigende Feuchtigkeit und Moderluft, besonders an der goldenen Pforte, durch das vom großen Kirchendache abtraufende Wasser fortlaufend genährt, so überhand, daß das Sandsteinmaterial derselben davon angegriffen und wegen Mangel an Zutritt frischer Luft zerstört wurde« (Eduard Heuchler). Eine Inschrifttafel außen am Vorbau informiert: »Unter der Regierung des Königs Georg von Sachsen ist in den Jahren 1902 und 1903 dieser Schutzbau im Auftrage des K. Ministeriums des Innern und unter Aufsicht der K. Kommission zur Erhaltung der Kunstdenkmäler von den Architekten Schilling und Gräbner errichtet worden« (K. steht für königlich). Zur Einweihung des neuen Museums im Domherrenhof und der neu errichteten Einfassung der Goldenen Pforte war der König persönlich anwesend.

Goldene Pforte, freistehend nach Abbruch des kapellenartigen Kreuzgangteils; Foto nach 1862

Südseite Dom mit Jugendstilvorbau; Postkarte, 1903 (Brück & Sohn Meißen)

Das Portal weist von außen nach innen eine neunfache Rückstufung auf. Am Gewände wechseln fünf Säulen und vier ausgenischte Pfostenecken mit davorstehenden vier kleinen Säulen samt Basen und Knospenkapitellen, auf denen biblische Figuren stehen. Den oberen Abschluss bilden neun abgestufte Bogenläufe, deren Ornamentierungen unmittelbar Bezug nehmen auf die der Säulenschäfte des Gewändes. In Fortsetzung der Gewändegestaltung schließen sich über dem Kämpfergesims fünf ornamentierte und vier gekehlte Archivolten mit eingefügten Figuren an. Erkennbar ist, dass dem Kunstwerk der Kreis zugrunde liegt. Auffallend ist zugleich die Zunahme der plastischen Durchdringung der Säulenschäfte und der sich darüber fortsetzenden Archivolten.

Neben der bildhauerischen Komponente besitzt das Portal eine bibelinhaltliche, die sich dem heutigen Menschen oft nur schwer erschließt. Mittelpunkt der Pforte und entsprechend des reichen theologischen Programms ist das Tympanon mit dem auf dem Schoß der thronenden Maria sitzenden und segnenden Christuskind – also die Epiphanie (Erscheinung) des Heils in dieser Welt: Gott wurde Mensch in seinem Sohn Jesus Christus durch die Jungfrau Maria. Sie wird zugleich als Braut Christi mit der Kirche (Ecclesia) und Christus als der Bräutigam (sponsa und sponsus) gedeutet. Maria ist selbst als der Weisheitsthron zu sehen in Analogie zum Thron Salomos, dem weisen und gerechten König Israels im Alten Testament.

Die figürlichen Darstellungen beziehen sich typologisch auf Themen des Alten und des Neuen Testaments. Sie reichen von den königlichen Vorfahren Christi und seiner Geburt bis zur Auferstehung der Toten, die in der größten Archivolte dargestellt ist.

Das Haupt der in feierlich-würdiger Haltung auf dem Thron sitzenden Maria ist mit einer Krone und Mitra geschmückt. Beide, Maria und das Christuskind, wurden in einer strengen Frontalität ausgeführt. Die Kugel, welche die Mutter dem Kind reicht, ist ein Zeichen seiner Weltherrschaft. Zwei schwebende Engel halten ebenfalls je eine Kugel. Links von Maria folgen die Heiligen Drei Könige (die Weisen aus dem Morgenland) mit ihren Gaben, mit denen sie dem Jesuskind huldigen (Mt 2,11), rechts erblickt man den Erzengel Gabriel, der Maria die Geburt Jesu verkündet (Ave Maria; Lk 1,26ff.), und den hl. Joseph, der auf einer Bank sitzt. Im Scheitel der innersten Archivolte wurde die Marienkrönung, der himmlische Lohn durch ihren Sohn, thematisiert. Leider sind zwei der ursprünglich vier Engel wohl im 19. Jahrhundert verloren gegangen.

Im Scheitel darüber übergibt ein Engel Abraham ein Kind – es ist ein Bild der Geborgenheit der erlösten Seelen in Abrahams Schoß. Im Lied Nr. 397,

Goldene Pforte, rechtes Gewände, Königin Bathseba und
Hohepriester Aaron; Zustand zwischen 1862 und 1902

3. Strophe, des evangelischen Gesangbuchs heißt es: »Ach Herr, laß dein lieb’ Engelein / an meinem End die Seele mein / in Abrahams Schoß tragen …« (Luk 16,22). Über dieser Szene folgt die der Verehrung der Taube des heiligen Geistes durch zwei Engel. Die Kehlen der beiden letztgenannten Archivolten sind mit den Apostelfiguren gefüllt, die man hier als einen Hinweis auf die Geburt der Kirche zu verstehen hat. Im Zenit des Portales, etwa in acht Metern Höhe, werden die ankommenden Auferstandenen von einem Engel mit ausgestreckten Armen ergriffen.

Als Verfasser des theologischen Programms der Goldenen Pforte gilt Abt Ludeger des Klosters Altzella (Abtzeit von 1210–1211 und 1224–1234). Nicht das Gericht, sondern die Rettung des Menschen steht im Mittelpunkt.

Auf die Erscheinung Christi weisen die Gewändeskulpturen hin. Links außen sieht man den Propheten Daniel, der über einen Löwen hinwegschreitet. Ihm gegenüber steht der Hohepriester Aaron mit dem Stab und einem Krug. Beide Gestalten symbolisieren die jungfräuliche Geburt Jesu. Ihnen folgen zwei sich gegenüberstehende gekrönte Königspaare: die Königin von Saba und König Salomo sowie die Königin Bathseba und König David mit der Harfe. Der Affe unter der Königin von Saba ist wohl das Attribut für ihre morgenländische Herkunft. Die Dargestellten sind die königlichen Vorfahren von Christus und begründen sein Königtum. Innen links am Gewände befindet sich Johannes der Täufer. Zu seinen Füßen liegt ein weiblicher Kopf. Es könnte der der Salome sein, die seinen gewaltsamen Tod herbeiführte (Mt 14). Erkennbar ist Johannes auch am Fellgewand und an der Scheibe mit dem Lamm. Durch seinen Blick in Richtung Tympanon und damit auf das Christuskind weist er auf Christus als den Messias hin (Joh. 1,29, »Seht das Lamm Gottes […]«). Ihm gegenüber steht Johannes der Evangelist, der Lieblingsjünger Jesu und Verfasser des nach ihm benannten Evangeliums sowie der Geheimen Offenbarung (Apokalypse). Über die Bildkompositon schrieb Christel Kandler: »Wenn wir die Goldene Pforte als eine aufgeschlagene Bibel verstehen, erzählt sie uns in wunderbarer Weise die Heilsgeschichte, an deren Ende die Auferstehung zum ewigen Leben steht.«

Annenkapelle. Westlich des Domes liegt die um 1510 errichtete, zweischiffige, spätgotische Annenkapelle – ein Gneisbruchsteinbau mit Maßwerkfenstern und steilem Satteldach. Zwei schlanke, achteckige Pfeiler mit konkaven (gekehlten) Flächen tragen ein bemerkenswert schönes Schlingrippengewölbe. In der senkrechten Projektion erscheinen die Rippen als gebogene Linien. Die-

Annenkapelle mit »zwischengelagerter« romanischer Triumphkreuzgruppe
des Domes (links) und anschließendem Westflügel des Kreuzgangs (rechts);
Foto, 1926 (Reymann)

se Wölbungsart steht in einer donauländisch-böhmischen Traditionslinie. So
wölbte Benedikt Ried aus Niederösterreich den Wladislawsaal des Prager Hrad-
schins, die St. Barbarakirche in Kuttenberg (Kutna Hora) und Jakob Heilmann
von Schweinfurth in Sachsen die Annenkirche in Annaberg-Buchholz.

Sehenswerte Kunstwerke sind zwei steinerne Skulpturen: eine Anna Selb-
dritt aus dem Jahr 1515 (umgesetzt vom Haus Enge Gasse 1) und die Mon-
hauptsche Gottesmutter von 1513, beide von Franz Maidburg gefertigt. Des
Weiteren zu beachten sind ein steinerner Taufstein (1604) aus der Kapelle der
Sachsenburg bei Frankenberg, eine kleine Jehmlich-Orgel (1953) sowie ein Epi-
taph-Altar (1674) der Familie Georg von Schönberg aus der 1905 abgebro-

chenen Stadtkirche in Hainichen. Ihn schuf der Schneeberger Johann Heinrich Böhme d.Ä. (1636–1680). Die Reliefs zeigen die Themen Abendmahl, Verklärung Christi, Opferung Isaaks und die Erhöhung der ehernen Schlange. Auf der Altarrückseite war bis zur Umsetzung zu lesen:

»Diesen Altar hat Der Hoch Edel geborhne Gestrenge und [...] veste Herr Hanss Georg von Schönberg uff Wingendorff, Ober Schöna, Börnichen, Haynichen und Wiesa Gott zu Ehren dieser Kirche zur Zierde und Zum steten Gedächtnis Seiner und Seiner Seel. Eheliebsten Frauen Annen Margarethen von Schönberg aus dem Hausse Reinssberg aufrichten lassen den 31. May Anno 1674«

Seit 1953 nutzt die Domgemeinde die bis dahin stark vernachlässigte Annenkapelle als Winterkirche für Gottesdienste und Veranstaltungen.

Kreuzgang. Südlich und südwestlich des Domlanghauses befindet sich der spätgotische Kreuzgang.

Er umschließt den grünen Dom-Friedhof und wird außen begrenzt von der Moritzstraße und der Domgasse. Etwa in der Mitte des südlichen Teils ist deutlich ein zweifacher Knick erkennbar. Am südöstlichen Ende wurde nach dem

Kreuzgang, Blick in den Westflügel mit von Schönbergscher Grabsteinsammlung (links) und romanischem Taufstein (um 1230); Postkarte

Abbruch des östlichen Kreuzgangteils, der einst die Goldene Pforte umschloss, ein gotisches Portal – versehen mit der Jahresangabe 1509 – eingefügt. An den Enden des Westflügels schließen sich Kapellen an: südlich die zweischiffige Schönlebesche und nördlich die bereits beschriebene Annenkapelle. Der Kreuzgang ist von einem engmaschigen Parallelrippennetz überwölbt, während man die Schönlebesche Kapelle mit einem sechsteiligen Sterngewölbe versah.

Die Domstiftsgeistlichen nutzten den Kreuzgang für Prozessionen, zu Andachten und zum damals üblichen lauten Lesen. Mit Einführung der Reformation und der damit verbundenen Aufhebung des Kollegiatsstiftes verlor die Anlage ihre bisherige Funktion. Um dem fortgeschrittenen Verfall Einhalt zu gebieten, richteten angesehene Freiberger Familien nach Beseitigung der baulichen Missstände Familienbegräbnisstätten ein. Im nordwestlichen Joch, das an die Annenkapelle grenzt, gründete der sächsische Oberberghauptmann Georg Friedrich von Schönberg (†1650) seine Erbbegräbnisstätte. 1813 diente der Kreuzgang sogar als Heumagazin. Mehrfach gab es im 19. Jahrhundert ernsthafte Überlegungen und Beschlüsse, ihn abzubrechen. Eine Begründung lautete, dass er »nicht mehr in eine neuzeitliche Stadt« passe. Nur durch »Notreparaturen« und weitere Zwischennutzungen sowie durch den Kampf des Freiberger Altertumsvereins konnte schließlich der Abbruch verhindert werden.

Nach erneuten Reparaturen 1837 diente die Anlage bis 1853 dem Altertumsmuseum. Ab 1890 wurde im westlichen Kreuzgang-Flügel die von Schönbergsche-Sammlung mit Grabmalen des 15. bis 18. Jahrhunderts aus Kirchen ihrer umliegenden Besitzungen untergebracht.

Grüner Friedhof. Auf alten Stadtplänen – so auf Sebastian Münsters Cosmographie von 1554 – ist erkennbar, dass der Grüne Friedhof einst deutlich in den Untermarktbereich hineinragte. Er ist der einzige noch in der Altstadt Freibergs erhalten gebliebene Friedhof. Umschlossen wird er vom Kreuzgang, der Annenkapelle und dem Domlanghaus. Nach der Freilegung der Goldenen Pforte durch den Abbruch des östlichen Kreuzgangsteils wurden die entstandenen Lücken in der Umfriedung durch kunstvolle schmiedeeiserne Gitter und Türen wieder geschlossen. Zuvor hatten diese zur Abtrennung von Grabanlagen im Kreuzgang gedient. Eine der Gittertüren ist inschriftlich datiert und nennt einen Freiberger Huf- und Waffenschmied namentlich: ». ABR. EL MEHNER HVFSCHMIT MACHTE DIESE 4 THORE 1672«. Er starb 1705. Die Schließung des Friedhofs erfolgte 1832.

Grabstein des Geologen
Abraham Gottlob Werner;
Lithographie von unbekannter
Hand im Artistischen Notizenblatt
1823

Noch heute ist der Domkirchhof ein Ort der Ruhe und des Friedens. Er birgt die Gräber bedeutender Freiberger Persönlichkeiten und Familien sowohl des geistlichen wie weltlichen Standes. Hierzu zählen die Grabstätten von Abraham Gottlob Werner (†1817) und des Freiberger Oberstadtschreibers Johann Friedrich Klotzsch (1726–1789). »Klotzsch hat sich auch für die Erhaltung der Ruinen des Klosters Altzella eingesetzt […], Grundrisse der Klosterkirche angefertigt und seine Grabungen im August 1786 in der Andreaskapelle führten zu einer Bestandsaufnahme des Zustandes der Fürstengräber und zu einer ersten Erfassung des kunsthistorischen Bestandes« (Werner Lauterbach). Der alte Baumbestand musste 1964 gefällt werden, da Wurzeln zunehmend die Gemäuer und die Äste die Dächer schädigten.

um 1156/60
Beginn der Besiedlung
1162
Markgraf Otto stiftet das Zisterzienserkloster »Cella Sanctae Mariae« (Altzella bei Nossen)
1168
Erste Silberfunde
um 1180
Bau einer romanischen kreuzförmigen Pfeiler-Basilika im Burglehen
1186
Herausbildung mehrerer Siedlungskerne zur Stadt
1218
Name »Vriberch« erstmalig urkundlich erwähnt
um 1225
Spätromanische Triumphkreuzgruppe
um 1225/30
Spätromanische Goldene Pforte
1480
Erhebung der Basilika zur Kollegiatstiftskirche
1484
Stadtbrand, Beschädigung des romanischen Langhauses
um 1485–90
Bau des Domherrenhofs (um 1485), Umsetzung der Goldenen Pforte (um 1490)
1488–96
Dom erhält 5 Glocken aus der Hilliger-Werkstatt
um 1501
Abschluss des Wiederaufbaus als spätgotische Hallenkirche
1505
Freiberg wird Residenzstadt;

Tulpenkanzel (Meister H.W.)
bis 1514
Bau des Kreuzganges und der Annenkapelle
1537
Reformation im »Freiberger Ländchen«; Auflösung des Kollegiatstifts
1539
Reformation im gesamten albertinischen Herzogtum
1541
Beginn der landesfürstlichen Grablege im Dom
1563
Errichtung des Moritz-Monumentes
1589–94
Manieristische Umgestaltung des Chores durch Giovanni Maria Nosseni
1658
Anlegung der von Schönbergschen Erbbegräbnisstätte im Kreuzgang
1694
Ende der landesfürstlichen Grablege im Dom
um 1710–53
Freiberg ist Wohn- und Werkstattsitz Gottfried Silbermanns
1711–14
Bau der Großen Silbermann-Orgel, Opus 2
1765
Gründung der Bergakademie Freiberg
1817
Tod des Mineralogen A. G. Werner
1861/62
Freilegung der Goldenen Pfor-

te durch Abbruch des Ostflügels des Kreuzganges
um 1890
Errichtung der Ahnengalerie derer von Schönberg im Kreuzgang
1903
Schutzbau vor der »Goldenen Pforte«
1938/39
Überführung der kleinen Silbermann-Orgel in den Dom (erbaut 1719; Opus 8)
1939
Beginn der Dom-Abendmusik unter Domkantor Arthur Eger (gest. 1967)
1958–62
Restaurierung u.a. des Dom-Langhauses (innen)
1983 und 1998
Restaurierung der Silbermann-Orgeln
1992–94
Restaurierung der Tulpenkanzel
1996
Tod des Domkantors und Präsidenten der Silbermann-Gesellschaft, Prof. Hans Otto; Restaurierung des Domgeläutes
1999
Sanierung des Choräußeren
2000/2001
Restaurierung des Epitaphaltars Annenkapelle
2002–2004
Nachbau der Musikinstrumente Kurfürstliche Grablege
2005
Restaurierung der Goldenen Pforte; Feierlichkeiten 500 Jahre Tulpenkanzel

A	Haupteingang Westseite		I	Annenkapelle
B1	SW-Turm (Glockenturm)		K	Schönbergscher Hof
B2	NW-Turm		L	Domherrenhäuser
C	Vorhalle		M	Domherrenhof (jetzt Museum)
D	Langhaus		N	Superintendentur
E	Hoher Chor		P	ehemaliger Gasthof »Goldene
F	Schutzbau (Jugendstil)			Pforte« (Domkantor-Deman-
G	Grüner Friedhof (Kirchhof)			tius-Haus)
H	Kreuzgang			

1	Großer Wendelstein		20	Moritzmonument
2	Epitaph Abraham v. Schönberg		21	Nosseni-Epitapharchitektur,
3	Epitaph Holewein			Messing-Grabplatten,
4	Gotisches Kruzifix			Kurfürstliche Ahnenreihe
5'	Große Silbermann-Orgel		22	Südkapelle mit Schwestern-
6	Epitaph Theodor Siegel			gruft, Südgruft
7	Jungfrauenzyklus		23	Goldene Pforte
8	Apostelzyklus		24	Lutherbrunnen
9	Fürstenlogen		25	Abraham-Gottlob-Werner-
10	Bergmannskanzel			Grab
11	Tulpenkanzel		26	Schönbergsche Grabmale
12	Pietà		27	Schönbergsche Grabkapelle
13	Knappschaftsgestühl		28	Schönbergscher Epitaphaltar
14	Gemeindealtar		29	Anna Selbdritt
15'	Kleine Silbermann-Orgel		30	Monhauptsche Gottesmutter
16	Opferstock und Skulptur		31	Schmiedeeiserne Ziergitter
	des hl. Christophorus		32	Wendelstein im NW-Turm
17'	Triumphkreuzgruppe		33	Besucherraum Domführung
18	Taufstein		34	Sechseckturm mit Wendel-
19	Nordkapelle mit Kurfürsten-			treppe
	särgen			

Apostroph verweist auf den Emporenbereich

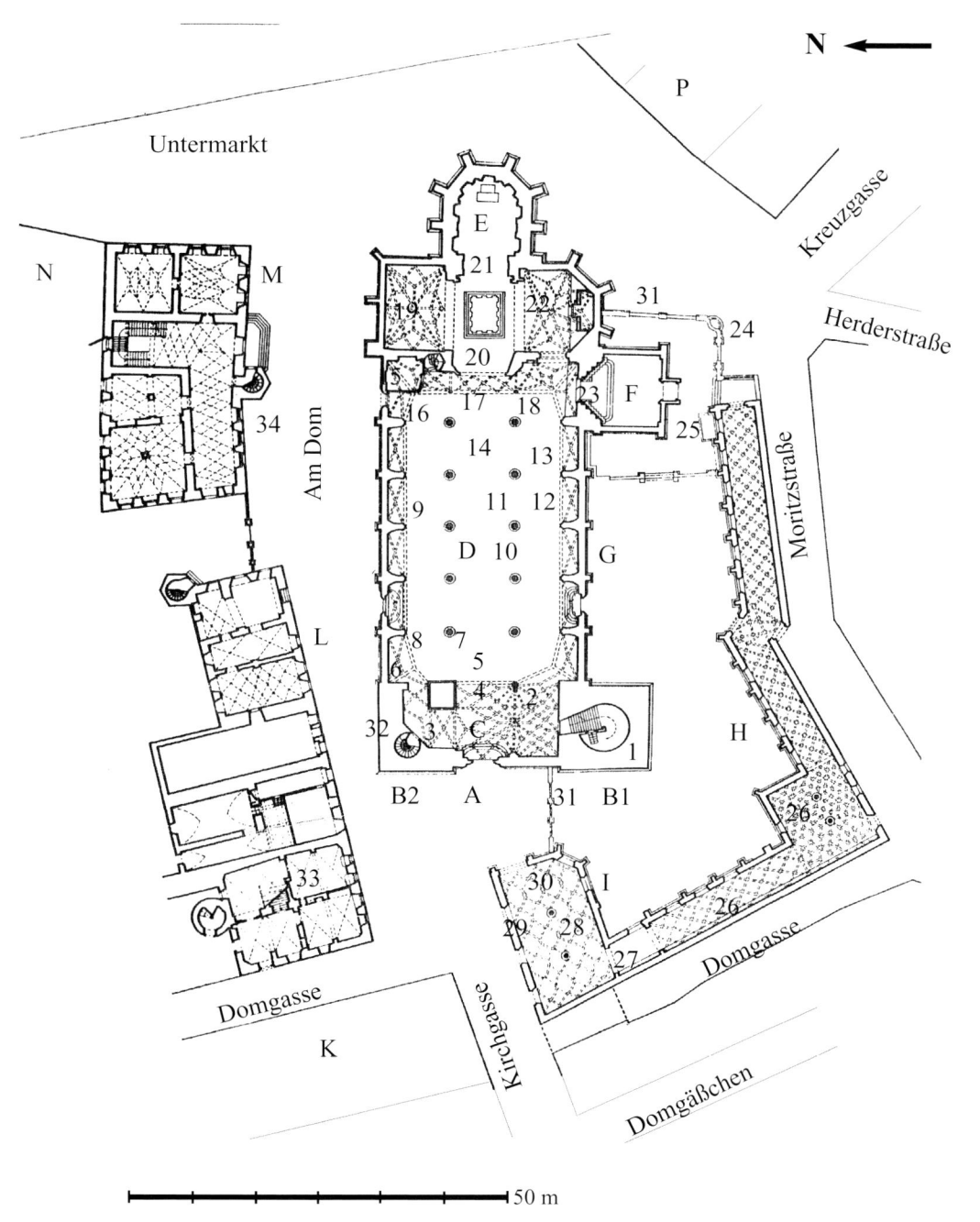

N

Untermarkt

P

Kreuzgasse

Herderstraße

N

M

34

Am Dom

E

21

9

22

20

31

24

17

23

F

16

18

25

14

13

Moritzstraße

L

9

11

12

D 10

G

8

7

5

32

6

4

2

3

C

1

H

B2

A

31

B1

26

30

I

29

28

26

33

27

Domgasse

Domgasse

K

Kirchgasse

Domgäßchen

50 m

87

20:37 ???
10:27 Ata

Freiberg; Luftbildaufnahme, 2004 (Büschel)

Seiten 90/91: Blick auf die Altstadt vom Jakobikirchturm

Nordöstliche Ansicht von Dom und Domherrenhof (Museum)

Seite 92: Blick auf den Dom vom Petrikirchturm
Seite 94: Blick nach Osten ins Domlanghaus
Seite 95: Blick nach Westen ins Domlanghaus

Aufgang im Südwestturm mit Zellengewölbe (Großer Wendelstein)

Seite 96: Ansicht der Empore auf der Südseite

Links: Apostel Jakobus d. Ältere am Strebepfeiler Südseite
Rechts: »Kluge Jungfrau« am nördlichen Innenpfeiler

Seite 98: Schrägdurchblick ins Langhaus Richtung Nordost

Tulpenkanzel (1505), Kanzelkorb aus einem Block mit Büsten der Kirchenlehrer

Seite 100: Blick auf Tulpenkanzel (1505) und Bergmannskanzel (1638)
Seite 102: Epitaph der Familie Theodor Siegel (†1676), nördliches Seitenschiff
Seite 103: Blick nach Osten auf den Gemeindealtar; Altarblatt 1560,
          Altarretabel 1649

Pietà, Vesperbild (um 1430), südliches Seitenschiff

Seite 105: Hl. Christophorus (Christusträger, um 1520), Ostwand Langhaus

Hans-Eckel-Epitaph (um 1510) mit Spruchband: »bit got vor hans eckl lete alhie begraben«, nördliches Seitenschiff. Hans Eckel war Ratsherr, Ältester und Vorsteher der Schmelzerknappschaft.

Seite 107: Domvorhalle, Holeweinscher Epitaph am Nordwest-Turm
(17. Jahrhundert)

Hic est filius meus dilectus ...   ... in quo mihi complacui ...

Lavacra puri gurgitis
Coelestis agni attigit:
Peccata quæ no detulit:
Nos abluendo sustulit.

ECCE
AGNVS
DEI

Spieltisch der großen Silbermann-Orgel, 3 Manuale

Seite 109: Große Silbermann-Orgel (1711–1714), Westempore; gut erkennbar die Gliederung in Brustwerk, Hauptwerk und Oberwerk

Orgel spielender Engel am Prospekt der großen Silbermann-Orgel

Pauken schlagender Engel am Prospekt der großen Silbermann-Orgel

Romanische Triumphkreuzgruppe (um 1225)

Seite 113: Renaissance-Taufstein (1531; Schalldeckel wohl spätere barocke
Zutat, so Fritz Löffler)

Schwesterngruft, skulpturaler Schmuck von Baltasar Permoser (†1732),
Südkapelle (Vorchor)

Seite 114: Kurfürstliche Begräbniskapelle mit Moritz-Monument im Vorchor; Aquarell von Eduard Heuchler, um 1850

Kniender Kurfürst Moritz vom Moritz-Monument

Seite 117: Moritz-Monument (1563) im Vorchor, von Antonius van
           Zerroen, Antwerpen

Blick in das Gewölbe der kurfürstlichen Begräbniskapelle (1589–94) von
J. M. Nosseni; Christus mit Siegesfahne als der Wiederkommende und
Erzengel Michael mit Richtschwert

Seite 118: Blick in die kurfürstliche Begräbniskapelle nach Osten

Kurfürstliche Begräbniskapelle, Nordwand, Epitaph der Herzogin
Katharina von Mecklenburg (†1561), Bronze

Kurfürstliche Begräbniskapelle, Südwand, Epitaph Heinrichs des
Frommen (†1541), Bronze

Kurfürstliche Begräbniskapelle; vom Hauptsims entnommene Kollektion
von Musikinstrumenten (vor 1594)

Kurfürstliche Begräbniskapelle, Engel mit Musikinstrumenten
(vor 1594)

Rekonstruktion der ursprünglichen Polychromie der Goldenen Pforte
(Institut für Denkmalpflege Dresden,
Elisabeth Hütter/Heinrich Magirius, 1964)

Romanische Goldene Pforte (um 1230), Südseite Langhaus

Goldene Pforte, linkes Gewände; von außen nach innen: Prophet Daniel, Königin von Saba, König Salomo, Johannes der Täufer

Seite 127: Goldene Pforte, Tympanon und Scheitelfiguren in den Archivolten
Seite 128: Annenkapelle, um 1514, Schlingrippengewölbe